GESTÃO DO
FLUXO DE CAIXA

O GEN | Grupo Editorial Nacional – maior plataforma editorial brasileira no segmento científico, técnico e profissional – publica conteúdos nas áreas de ciências sociais aplicadas, exatas, humanas, jurídicas e da saúde, além de prover serviços direcionados à educação continuada e à preparação para concursos.

As editoras que integram o GEN, das mais respeitadas no mercado editorial, construíram catálogos inigualáveis, com obras decisivas para a formação acadêmica e o aperfeiçoamento de várias gerações de profissionais e estudantes, tendo se tornado sinônimo de qualidade e seriedade.

A missão do GEN e dos núcleos de conteúdo que o compõem é prover a melhor informação científica e distribuí-la de maneira flexível e conveniente, a preços justos, gerando benefícios e servindo a autores, docentes, livreiros, funcionários, colaboradores e acionistas.

Nosso comportamento ético incondicional e nossa responsabilidade social e ambiental são reforçados pela natureza educacional de nossa atividade e dão sustentabilidade ao crescimento contínuo e à rentabilidade do grupo.

FÁBIO FREZATTI

GESTÃO DO FLUXO DE CAIXA

PERSPECTIVAS ESTRATÉGICA E TÁTICA

2ª EDIÇÃO

gen | atlas

- O autor deste livro e a editora empenharam seus melhores esforços para assegurar que as informações e os procedimentos apresentados no texto estejam em acordo com os padrões aceitos à época da publicação, *e todos os dados foram atualizados pelo autor até a data de fechamento do livro.* Entretanto, tendo em conta a evolução das ciências, as atualizações legislativas, as mudanças regulamentares governamentais e o constante fluxo de novas informações sobre os temas que constam do livro, recomendamos enfaticamente que os leitores consultem sempre outras fontes fidedignas, de modo a se certificarem de que as informações contidas no texto estão corretas e de que não houve alterações nas recomendações ou na legislação regulamentadora.

- O autor e a editora se empenharam para citar adequadamente e dar o devido crédito a todos os detentores de direitos autorais de qualquer material utilizado neste livro, dispondo-se a possíveis acertos posteriores caso, inadvertida e involuntariamente, a identificação de algum deles tenha sido omitida.

- **Atendimento ao cliente: (11) 5080-0751 | faleconosco@grupogen.com.br**

- A primeira edição deste livro trazia o título Gestão do fluxo de caixa diário: como dispor de um instrumento fundamental para o gerenciamento do negócio.

- Direitos exclusivos para a língua portuguesa
  Copyright © 2014, 2022 (2ª impressão) by
  Editora Atlas Ltda.
  Uma editora integrante do GEN | Grupo Editorial Nacional

- Travessa do Ouvidor, 11
  Rio de Janeiro – RJ – 20040-040
  www.grupogen.com.br

- Reservados todos os direitos. É proibida a duplicação ou reprodução deste volume, no todo ou em parte, em quaisquer formas ou por quaisquer meios (eletrônico, mecânico, gravação, fotocópia, distribuição pela Internet ou outros), sem permissão, por escrito, da Editora Atlas Ltda.

- Capa: Marcio Medina
- Editoração eletrônica: Formato Serviços de Editoração Ltda.

- Ficha catalográfica

CIP-BRASIL. CATALOGAÇÃO NA PUBLICAÇÃO
SINDICATO NACIONAL DOS EDITORES DE LIVROS, RJ

Frezatti, Fábio

Gestão do fluxo de caixa: perspectivas estratégica e tática / Fábio Frezatti – 2. ed. [2a Reimp.] - São Paulo: Atlas, 2022.

Bibliografia.
ISBN 978-85-224-9060-8
ISBN 978-85-224-9061-5 (PDF)

1. Administração financeira 2. Balanço financeiro 3. Demonstração financeira 4. Fluxo de caixa I. Título.

14-08643 CDD-657.3

Sumário

Prefácio à 2ª edição, ix

1 **Fluxo de Caixa ou Fluxos de Caixa?**, 1
    1.1 Introdução, 1
    1.2 O fluxo de caixa como instrumento tático e estratégico na gestão, 4
    1.3 Discorrendo sobre as diferenças entre lucro e caixa, 8
    1.4 Questões para análise e desafio, 21

2 **Estrutura Patrimonial e a Dinâmica do Fluxo de Caixa**, 22
    2.1 O capital de giro nas organizações, 24
    2.2 A dinâmica do capital de giro nas organizações, 25
    2.3 O que fica fora do capital de giro?, 30
    2.4 Questões para análise e desafio, 31

3 **A Importância de Contar com um Sistema Eficaz de Projeção de Fluxo de Caixa Diário**, 33
    3.1 O fluxo de caixa como instrumento gerencial da empresa, 33
    3.2 A contabilidade e as informações gerenciais, 34
    3.3 Enfoques encontrados nas empresas, 36
        3.3.1 O enfoque reativo, 36
        3.3.2 O enfoque *cash management*, 38
    3.4 Pilares do *cash management* nas empresas, 39
    3.5 Fluxo de caixa operacional, de bens de capital, do acionista e financeiro, 41
    3.6 Questões para análise e desafio, 45

4 Sete Pontos Importantes na Gestão do Fluxo de Caixa, 47
  4.1 Os princípios gerais: a definição da postura de uma organização, 47
    4.1.1 Envolvimento dos tomadores de decisão, 48
    4.1.2 Análise global das operações da empresa, 49
    4.1.3 Contato íntimo com o mercado, 49
    4.1.4 Elemento concorrência, 50
    4.1.5 Expectativas realistas, 50
    4.1.6 Controle e ações corretivas prontas, 50
    4.1.7 Atribuição de resultados, 51
    4.1.8 Ponto de referência e controle, 51
    4.1.9 Visão de curto e longo prazos, 51
    4.1.10 Revisões constantes e sistemáticas, 52
  4.2 Estrutura de capital como vulnerabilidade ou estabilizador da liquidez, 52
  4.3 Análise das entradas e saídas não financeiras, 53
  4.4 Análise das entradas e saídas financeiras, 57
  4.5 Concentração de fundos, 60
  4.6 Fluxo de informações, 61
  4.7 Relações bancárias, 61
  4.8 *Hedging*, 65
  4.9 Questões para análise e desafio, 67

5 O que é Importante Saber na Elaboração? Afinal, Receita de Bolo Também é Importante..., 69
  5.1 Enfoque, 70
  5.2 Plano de contas, 70
  5.3 Arquitetura do sistema, 72
  5.4 Horizonte, 72
  5.5 Fontes de informações, 73
  5.6 Metodologia de projeção, 74
  5.7 Formato do fluxo de caixa, 79
  5.8 Exemplificação do fluxo de caixa, 81
  5.9 Moeda de decisão a considerar, 94
  5.10 Questões para análise e desafio, 94
  5.11 Exercícios, 96
    5.11.1 Exercícios sobre plano de contas, 96
    5.11.2 Exercícios sobre métodos de projeção, 97
      5.11.2.1 Programação – Cobrança Corrente, 97
      5.11.2.2 Distribuição e método estatístico – cobrança, 99

5.11.2.3 Estatística – mínimos quadrados – recuperação de valores em atraso, 100

5.11.3 Exercícios sobre projeção do fluxo de caixa, 102

5.11.4 Exercícios sobre análise do fluxo de caixa, 113

6 Análise de Desempenho do Fluxo de Caixa, 121

6.1 Análise de consistência, 121

6.2 Análise comparativa, 122

6.3 Análise de otimização, 122

6.4 Afinal, o que é um bom desempenho em termos de fluxo de caixa?, 123

6.5 Amplitude da análise, 124

6.6 Questões para análise e desafio, 125

7 Recomendações, 127

7.1 Formalidade ou necessidade gerencial?, 127

7.2 Quem aprova o fluxo de caixa como meta?, 128

7.3 Consequências da aprovação do instrumento, 128

7.4 Espinha de peixe é sempre válida, 128

7.5 Observar a postura do *kaizen* é sempre saudável, 128

7.6 Nem só o cacique, nem só o índio, 128

7.7 Tire uma foto no início, 129

7.8 Gente, em última análise é o recurso principal, 129

7.9 Questões para análise e desafio, 129

Glossário, 131

Referências, 133

Prefácio à 2ª Edição

Dizem que o livro se assemelha ao filho. Discordo: livro é um FILHO!

Cada filho tem uma personalidade, uma forma de olhar o mundo, de lidar com o entorno e mesmo de retribuir ao conjunto da família.

A semelhança com ter um filho está no compromisso com a existência do livro. Ele não pode ser simplesmente abandonado depois de lançado. Falar dele, estimular o seu uso, é algo relevante para o livro. Deve ser tratado com carinho para que tenha sucesso e dele se orgulhe o autor. Isso não deve ocorrer só na elaboração e lançamento, mas durante toda a vida do livro.

Também posso dizer que um filho puxa o pai: alguma coisa eles têm de parecido. No caso do livro, existe a necessidade de mostrar que tem consistência e, de alguma forma, decorre da forma, jeito, forma de pensar e pretensões do autor e, por que não dizer, da personalidade.

O livro não deve ser construído para querer agradar o autor. Afinal, o que o cliente pensa? Nesse sentido o autor deve ouvir a comunidade e suas necessidades. Sou grato e devedor daqueles que mandaram *e-mails* ou fizeram contatos para sugerir mudanças. Muito obrigado!

Um filho comete erros e o pai deve estar por perto para identificar e contribuir para que isso seja evitado ou corrigido. O livro didático nunca é definitivo ou perfeito no sentido de que o seu aperfeiçoamento sempre será factível e o autor deve estar atento para executá-lo.

Este livro foi lançado em 1997 e até hoje lembro que Luiz Herrmann e Eliseu Martins foram os primeiros que eu encontrei no lançamento. Um bom agouro!

O tempo passou e, tantos anos depois, o tema fluxo de caixa continua sendo de vital importância para os negócios. Entretanto, o mundo se tornou mais complexo e os vários "caixas" são colocados no mercado. Diferentes usuários se apresentam e as necessidades também são diferentes. Essa foi a grande motivação para o lançamento da segunda edição.

Esta edição proporciona visão do tema revista em termos de maneira de olhar o fluxo de caixa, sendo agregados elementos que proporcionam, além da visão micro (tática, com detalhes do dia a dia) do fluxo de caixa, uma abordagem macro (que pretende ser estratégica) em que o fluxo de caixa é inserido. Além disso, a redação foi revista para tornar o texto mais contemporâneo.

O autor durante a concepção do projeto, em função das diferentes perspectivas dos diferentes públicos, considerou dois extremos em termos de enfoque: alguns leitores têm necessidades eminentemente práticas e não estão dispostos a despender muito tempo com conceitos; outro grupo de leitores tem acima de tudo preocupação exatamente com as questões conceituais. Na verdade, dificilmente um problema empresarial pode ser tratado adequadamente sem ambas as abordagens: conceitual e prática. No final das contas, é fundamental que benefícios sejam colhidos pela utilização de técnicas e instrumental. Dessa maneira, pensando nos vários tipos de leitores, este livro foi estruturado da seguinte maneira:

- **Capítulos conceituais**

  A principal preocupação consiste em delimitar, definir aspectos que tenham importância para o tema e dar consistência, garantindo a inter-relação entre os elementos. Isso permite tratar o tema de maneira bastante abrangente e efetiva dentro do universo empresarial. Trata-se dos Capítulos 1, 2, 3, 4 e 6.

- **Capítulos de "receitas de bolo"**

  Estão preocupados com questões ligadas ao como fazer. A sua sequência resolve o problema prático de como os conceitos devem ser utilizados, baseados em experiências vivenciadas, pesquisadas e desenvolvidas pelo autor. Nessa abordagem, o enfoque *"best practices"* é enfatizado. Mais preponderantemente refere-se ao Capítulo 5.

- **Capítulo de recomendações**

  Além da questão do como fazer, algumas particularidades podem ser encontradas no dia a dia. Refere-se ao Capítulo 7.

Tendo em vista a expectativa de absorção dos conceitos, ao final de cada capítulo são encontradas perguntas (Questões para análise e desafio) que devem ser respondidas pelo leitor, dentro de sua realidade específica. Os exercícios se propõem a proporcionar oportunidade prática de absorção de conhecimentos e autoanálise.

É isso! Torço para que este livro seja um sucesso. Como faço com minha filha e meu filho!

O Autor

Fale com o autor! Ele coloca à disposição do leitor o seguinte endereço para comentários, sugestões e críticas, as quais serão consideradas em edições futuras:

ffrezatti@gmail.com

Agradecimentos

A Deus pela oportunidade de expressão que me tem permitido escrever e revisar este livro anos depois de seu lançamento.

Aos meus familiares que têm sido a grande motivação de vida: Eliete, Bianca e Daniel.

A algumas mulheres muito especiais que muito me ensinaram na vida: Dona Ruth, Dona Emília, Tia Izaura e Maria de Lourdes. Alguns homens brilhantes também devem ser homenageados: José Carlos Moreira, Tio Fernandes e Giuseppe Riggini.

Aos amigos Marina Yamamoto, Francisco Gresenberg Filho, Vicente Bosco Filho, Carlos José Predolim e Milton Y.Fujiwara, por terem lido os *drafts* da primeira edição, trazendo, a partir de suas experiências profissionais, críticas que muito contribuíram para a estruturação naquele momento.

À direção da Editora Atlas, principalmente nas pessoas dos Srs. Luiz Herrmann e Ailton Brandão, por ter confiado e apostado no autor, neste projeto... por, pelo menos, duas vezes.

1

Fluxo de Caixa ou Fluxos de Caixa?

1.1 INTRODUÇÃO

"Caixa é aquilo que eu posso ter na mão e comprar pão, leite e entradas para o jogo de futebol."

Sr. João, um cidadão comum

Conceito de caixa é tão simples que pensamos que ele seja natural, fruto de uma ocorrência que faz parte das nossas vidas. Faz mesmo, mas não é tão simples no sentido de que interfere em inúmeros elementos das nossas vidas. No momento em que as empresas nascem, a única coisa relevante na cabeça do novo empresário é o caixa. É o primeiro controle que ele pensa em fazer e o seu humor oscila em função do fluxo. Quando ela morre o caixa também é a grande referência... ou a grande ausência.

Paulatinamente a organização cresce e todo o seu sistema de controle passa a ser atrelado às informações de natureza econômica estabelecidas e gerenciadas pela perspectiva de competência, o que se alinha às demandas da gestão. Nessa hora as informações do fluxo de caixa, pelo regime de caixa, deixam de ser a grande ênfase, menos para o tesoureiro, que "reza" para que exista confluência entre os objetivos organizacionais, o que o ajudaria no desempenho do fluxo de caixa.

Assim, definir caixa é algo que pode parecer tão simples que se torna difícil e complicado por essa mesma simplicidade... Afinal de contas, caixa é ... caixa. Dinheiro que entra e dinheiro que sai do nosso bolso, da nossa conta. A organização só tem sucesso se as suas atividades materializarem a geração de caixa. No sentido clássico, o caixa representa o objetivo final dos investidores ao optarem por uma dada alternativa de alocação de recursos. No meio empresarial caixa é o ativo mais líquido disponível na empresa, encontrado em espécie na empresa, nos bancos e no mercado financeiro de curtíssimo prazo.

Algumas abordagens para o fluxo de caixa são encontradas, e uma delas é um pronunciamento contábil, já que proporciona uma visão predominantemente externa à entidade utilizada pelas organizações sujeitas a regulamentação e a outra a abordagem de um pesquisador da área de finanças que identifica as necessidades da gestão:

- O que é: "são as entradas e saídas de caixa e equivalentes".

    Utilidade: "são úteis para avaliar a capacidade de a entidade gerar caixa e equivalentes de caixa, bem como necessidades de liquidez. [...] possibilita aos usuários desenvolverem modelos para avaliar e comparar o valor presente dos futuros fluxos de caixa de diferentes entidades". (CPC 03)

- O que é: "resume os movimentos de entrada e saída de caixa durante o período considerado".

    Utilidade: "as empresas comumente se preocupam tanto com o fluxo de caixa operacional, usado na tomada de decisões gerenciais, quanto com o fluxo de caixa livre, acompanhado de perto pelos participantes do mercado de capitais." (GITMAN, 2006, p. 80-84)

O que elas têm em comum? Em comum elas descrevem o movimento do caixa que entra e sai da organização. Desconsideram os **saldos**, embora não seja possível estruturar um fluxo de caixa sem saldos do caixa, dos empréstimos e dos investimentos. Em outras palavras, embora rigorosamente corretas do ponto de vista descritivo, são incompletos no sentido prático, pois deixam de considerar e reconhecer elementos que não se constituem em fluxo mas afetam o entendimento do resultado financeiro da organização. Nesse sentido, o CPC 03 reconhece que o fluxo de caixa deveria proporcionar a necessidade de liquidez, o que não é possível de ser feito sem os **saldos** de empréstimos e investimentos de curto prazo.

O que as diferencia? No caso da especificação, Gitman trata o período de tempo, que pode ser um dia, um mês, um ano, ou outro período, enquadrando o fluxo dentro de uma unidade de tempo, que na especificação do CPC 03 se torna desnecessária. No caso do CPC 03, os equivalentes de caixa são lembrados e a visão do Gitman indica que tais elementos já estariam incluídos no fluxo de caixa, enquanto na especificação do CPC, são explicitamente identificados.

Quanto à utilidade do fluxo de caixa, o CPC 03 se volta consistentemente para os usuários externos, já que identifica como a grande aplicabilidade a utilização para comparar "valor presente de diferentes entidades". Dessa maneira, a percepção de utilidade do fluxo de caixa leva em conta que é uma informação pública disponível, estruturada de maneira clara, definida e homogeneizada para usuários externos à organização. Em outras palavras, dada a perspectiva de disponibilizar informações ou considerando que o gestor tem a mesma necessidade que o usuário externo ou ele é ignorado.

Por sua vez, a abordagem do Gitman entende que existam vários fluxos de caixa, operacional e o fluxo de caixa livre, utilizados por diferentes usuários. Nesse caso, está identificando não apenas diferentes fluxos, mas também quem os utiliza. Levando em conta que as decisões são distintas (gestão interna da organização *versus* decisões de investimento, de crédito ou mesmo de comparação *benchmarking* para atividades comerciais), o nível de detalhe, a acurácia possível, e mesmo a frequência de atualização de informações e profissionais envolvidos, fica claro que falamos de instrumentos com diferentes impactos e poder de suporte decisório.

A partir desse raciocínio, este livro foi escrito com o objetivo de integrar essas diferentes perspectivas e privilegiar a necessidade do tesoureiro, gestor que vai acompanhar o fluxo de caixa no dia a dia da entidade. Essa oportunidade surge porque a literatura estrangeira ignora certas peculiaridades do ambiente nacional, como por exemplo o excepcional patamar do custo do dinheiro; por outro lado, as obras nacionais encaram o tema fluxo de caixa, preponderantemente, do ponto de vista do usuário externo, que contém peculiaridades e preocupações não necessariamente assemelhadas àquelas que o tesoureiro da organização enfrenta.

Além disso, temos diferentes interesses ao tratar do fluxo de caixa. Numa análise de **projeto de investimentos**, a lógica do que se agrega em termos de valor é fundamental, o que indica que o fluxo de caixa livre a valor presente é a abordagem necessária. Por sua vez, no dia a dia do tesoureiro, a avaliação de desempenho é fundamental, e a necessidade de informações é distinta. Enfim, ao tesoureiro resta tratar o tema dentro da abordagem mais pragmática que for possível, o que pode provocar uma visão nem sempre adequada, integrada e eficiente para os seus objetivos.

O tesoureiro, ao gerenciar o seu dia a dia, se depara com a necessidade de ter um instrumento de planejamento e controle da sua liquidez, que se constitui no fluxo de caixa projetado. Esse instrumento, normalmente, é elaborado, baseado no sistema de informações da organização e deve receber na sua utilização a experiência do gestor e de sua equipe. Nesse caso, muitas vezes, a preocupação com a melhoria do desempenho não é tratada de maneira sistemática, enfocando a geração de caixa na empresa como um todo, mas sim apenas restrita ao *floating* bancário ou questões relativas a tarifas, ou mesmo ao *spread* de uma operação. Tudo depende de como a entidade se propõe a gerenciar a liquidez da empresa.

A gestão do fluxo de caixa não se constitui em preocupação exclusiva das grandes empresas, ou mesmo daquelas voltadas para a obtenção do lucro, mas sim das organizações em geral. Uma instituição religiosa, uma empresa familiar no seu nascedouro, uma empresa estatal ou mesmo uma organização prestadora de serviços têm o seu fluxo de caixa a ser gerenciado a fim de que seus objetivos possam ser atingidos de maneira adequada.

No que se refere ao instrumento fluxo de caixa de per si, previsto e realizado, é importante entender que dispor de recursos técnicos que permitam tornar o nível de acerto da meta do fluxo é algo importante e que traz benefícios à organização como um todo; contudo, o sucesso na gestão só será atingido se o fluxo de caixa for considerado como um instrumento gerencial **da** empresa e não apenas **do** tesoureiro. Significa dizer que não só a área financeira deverá saber usar, se apoiar e fazer a leitura do fluxo de caixa, mas também as demais áreas operacionais. Isso se materializa quando as metas forem definidas junto com as responsabilidades e, ao final, na avaliação de desempenho, o resultado for avaliado, responsabilizado e recompensado. Muito embora este livro tenha um capítulo específico para tratar de indicadores de desempenho, duas dimensões relevantes são sempre encontradas:

- Saldo positivo entre entradas e saídas de caixa; e
- Variação positiva do saldo de caixa entre o previsto e o realizado.

Além das questões mais técnicas no sentido de como projetar o fluxo de caixa, é importante tratar a gestão no sentido comportamental e de compromissos. Caso o fluxo de caixa não seja uma prioridade para a organização, como instrumento de gestão, não será jamais um elemento de preocupação da gerência da organização. As formas de fazê-lo são as mais diversas, sendo que, aparentemente, aquelas que afetam o bolso dos executivos são as mais eficientes em termos de atingir seus resultados.

1.2 O FLUXO DE CAIXA COMO INSTRUMENTO TÁTICO E ESTRATÉGICO NA GESTÃO

É muito comum numa situação crítica de falta de liquidez de uma empresa a priorização do caixa. Empresas em dificuldades de negócios, concordatárias e/ou tentando evitar a falência se colocam desesperadamente nas mãos do fluxo de caixa para perseguir a saída de sua dificuldade. Isso é válido, mas parece a estratégia do doente que evitava hábitos saudáveis até ser realmente confrontado com a perspectiva de morte. Aí, pode ser tarde demais. Pensar (e dedicar tempo para isso) ao fluxo de caixa da empresa é sempre muito saudável, quer a empresa esteja atravessando bons ou maus momentos. Na verdade, pensar é pouco, pois o correto seria utilizar gerencialmente o instrumento.

Em outras palavras, a empresa em situações de normalidade e grande perspectiva de viver o princípio contábil da continuidade se preocupa fundamentalmente com o enfoque econômico dos resultados. Resultado nesse caso significa gerar lucro, dentro dos melhores e mais adequados conceitos que a contabilidade possa e pode dispor.

Figura 1.1 – Integração entre as demonstrações

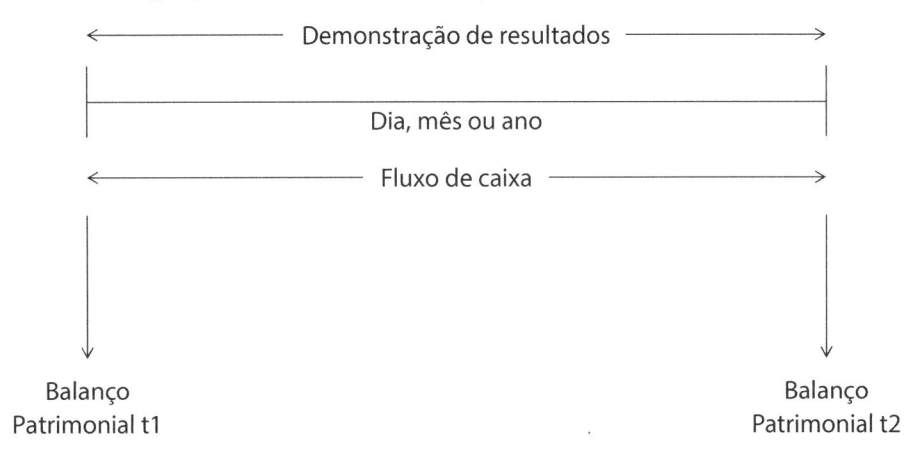

```
←─────────── Demonstração de resultados ───────────→
│                                                   │
├───────────────── Dia, mês ou ano ─────────────────┤
←──────────────── Fluxo de caixa ──────────────────→
│                                                   │
↓                                                   ↓
Balanço                                         Balanço
Patrimonial t1                                  Patrimonial t2
```

Essa perspectiva atende à demanda da avaliação de desempenho que estabelece metas e tem todo um sistema de informações para geração de relatório gerencial. Entretanto, nos casos limites, nas crises, na fase terminal, o resultado importante é o financeiro, o caixa disponível ou a ser disponível em dado horizonte de tempo. Não deveria ser assim, mesmo porque os dois resultados, como já mencionamos, interagem fortemente. O que se percebe disso é uma ânsia em descobrir, assumir, definir, dependendo da organização, qual o sinal correto. "Basta monitorar o lucro para obter o sucesso empresarial?" Se a resposta for não, a dicotomia se estabelece e o gestor se define pelo que lhe parece ser o outro extremo, ou seja, a geração de caixa. A Figura 1.1 mostra que os três demonstrativos, quais sejam, o balanço patrimonial, a demonstração dos resultados e o fluxo de caixa, são integrados e proporcionam condições de mútuo entendimento dos desempenhos. O resultado econômico identificado pelo lucro, através da demonstração de resultados, é mais abrangente do que o fluxo de caixa ao captar e explicitar informações relevantes pelo regime de competência no que se refere a risco e contingenciamento; contudo, sem gestão integrada do econômico com financeiro, a organização perde a oportunidade de otimização de resultados.

O princípio da continuidade, novamente evocado, se apresenta de grande utilidade, pois uma vez realizado o resultado econômico, o resultado financeiro, uma vez monitorado, deverá ser efetivado. Significa com isso que o resultado financeiro e o resultado econômico são integrados? Sim. O importante é o nível de consciência geral no sentido de aliar os objetivos de liquidez aos demais objetivos. Significa dizer que uma organização, dentro da sua visão estratégica de negócios, se define como perseguidora de resultados positivos que permitam retribuir ao acionista o seu investimento. Numa visão mais tática, os gestores traduzem para os horizontes mais delimitados o que isto significa em termos de metas específicas em termos de receitas, custos, despesas, lucro e indicadores de eficiência. Dentre estes últimos, a geração e saldos de caixa se constituem em grandes e importantes elementos. O passo seguinte consiste em harmonizar as metas específicas de liquidez, dentro das características, *timing* e recursos disponíveis para a empresa. E aí? Bem, aí, sem uma projeção de fluxo de caixa diário, não existe forma de gerenciar efetivamente a liquidez da organização.

O interessante em termos do que se pode esperar do instrumento está ligado ao seu alcance. Em algumas organizações, o fluxo de caixa é visto como um instrumento tático, a ser utilizado no dia a dia apenas. Tal visão poderia ser denominada de utilidade tática do fluxo de caixa. Em outros ele na verdade tem alcance maior, que poderíamos chamar de utilização estratégica do fluxo de caixa nos negócios da empresa. Qual a diferença entre ambas as abordagens? O que a empresa pode ganhar com a ampliação do conceito? Vamos ver:

- Abordagem estratégica

    É aquela que afeta o nível de negócios da empresa não só no seu curto prazo mas também, e, principalmente, no longo prazo. Tem efeito sobre questões ligadas às decisões financeiras estratégicas da empresa, tais como estrutura de capital, política de dividendos, risco financeiro etc. Relação e tratamento de variáveis preponderantemente influenciadas por pressões externas às organizações e relativamente pouco controláveis do ponto de vista da organização.

    Um exemplo possível diz respeito a uma certa construtora que utiliza o fluxo de caixa em suas reuniões de diretoria para discutir questões ligadas aos novos projetos de investimento. Nesse sentido, porque tem definição clara quanto ao financiamento de suas operações, tal empresa só decide **se** e **quando** compra o terreno do novo projeto, quando percebe que a sobra de caixa permanente existe. Com isso, define a estrutura de longo prazo e o nível de risco a ser proporcionado pelo endividamento planejado. Nesse caso, a disponibilidade de liquidez afetou o processo de tomada de decisão. Outro exemplo de utilidade estratégica está ligada a certas multinacionais que dependam de produtos com ciclo de desenvolvimento alongado, que elaboram fluxo de caixa para um período de longo prazo (5-15 anos) no sentido de avaliar sua capacidade de pagar financiamentos também de longo prazo e mesmo direcionar investimentos que estejam ou não gerando liquidez. Discussões sobre o aumento de capital, nível de distribuição de resultados de longo prazo são estabelecidas. O nível de risco do recurso é repassado à gestão das atividades operacionais.

Da mesma forma, quando uma organização projeta seu resultado para o longo prazo, estabelece uma estrutura de capital-*target* que permita identificar uma faixa de custo de capital; isso proporciona a perspectiva de desenvolver o *valuation* da organização, bem como analisar os projetos de investimentos. Para isso, a análise do fluxo de caixa, de fontes de recursos próprios e de terceiros deveria ser realizada. Sem essa perspectiva, a análise de risco da organização deixa de ser integrada e consistente com as demais medidas.

Algumas características desse mecanismo são: poucos detalhes, baixa frequência de atualização de dados (semestral ou anual) e relevância mais da tendência do que da precisão (Figura 1.2).

Figura 1.2 – Fluxo de caixa da organização

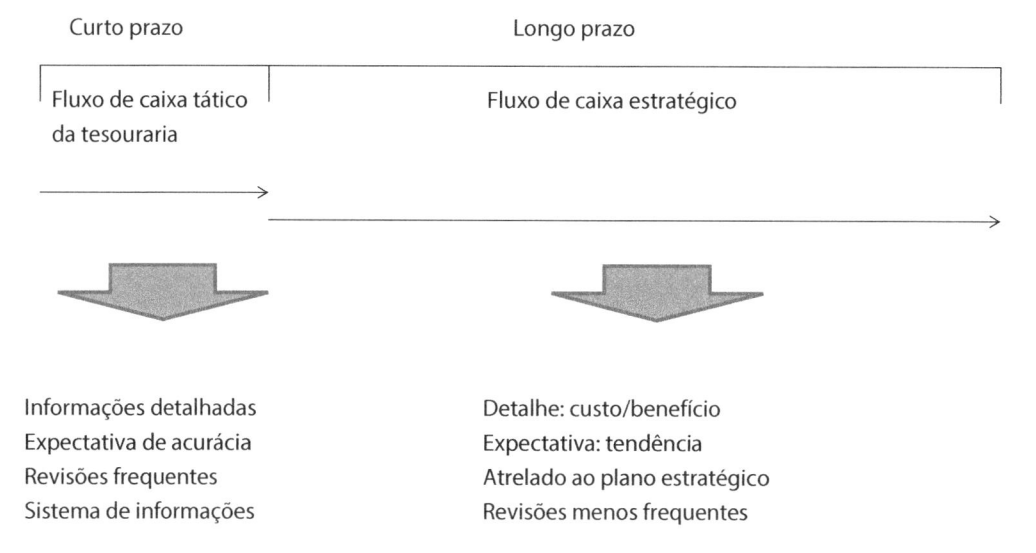

Curto prazo	Longo prazo
Fluxo de caixa tático da tesouraria	Fluxo de caixa estratégico
Informações detalhadas Expectativa de acurácia Revisões frequentes Sistema de informações	Detalhe: custo/benefício Expectativa: tendência Atrelado ao plano estratégico Revisões menos frequentes

- Abordagem tática

    Deveria estar integrada, de alguma forma, ao fluxo de caixa de longo prazo. A dimensão do longo prazo, no seu fluxo estratégico, desperta o potencial de discussão e ação sobre o fluxo tático, de curto prazo. É aquela que se referencia ao fluxo de caixa como um instrumento de utilidade mais restrita e acompanhamento. Na verdade, a utilidade decorre do direcionamento do caixa em termos estratégicos. O gestor do fluxo de caixa de 30 dias pode desenvolver algumas ações para aperfeiçoar o fluxo, mas lida com limitações de horizonte para que possa desenvolver atividades de maior envergadura e impacto se a visão estabelecida de ações de curto prazo deixam de ter direcionamento consistente. Alongamento de empréstimos de longo prazo e aumento de capital são dois exemplos de decisões relevantes que devem estar suportadas por uma abordagem estratégica, por exemplo, e que provocam impacto no fluxo de caixa de curto prazo. Quando a gerência, na sua reunião semanal, discute a situação de caixa da empresa e analisa alternativas para postergar pagamentos e antecipar entradas, está caminhando na direção das decisões táticas. Ela já tem (ou deveria ter) um escopo mais amplo em termos estratégicos e apenas quer manter o rumo, ou atingir desempenho melhor que o previsto em função de alguma oportunidade que surgiu. As ações nesse sentido se concentram em questões de menor alcance e mesmo impacto. Decisões tomadas durante um certo momento podem ser alteradas e mesmo revertidas com relativa rapidez. Incentivar vendas à vista, negociar atrasos de pagamentos, alterar prazos de faturamento e mesmo reduzir o nível de pedidos de compras para poder contornar uma dificuldade circunstancial de caixa podem ser exemplos de ações táticas.

Dentre as características desse fluxo, podem ser mencionadas: necessidade de detalhe para que o previsto x realizado seja explicado e entendido, revisões constantes (podendo ser até diárias) e é fundamental a identificação dos responsáveis por conta ou grupo de conta para cobrar responsabilidades.

Como se percebe, os enfoques tático e estratégico podem requerer diferentes abordagens dos instrumentos e mesmo diferentes detalhamentos. Na verdade, nem toda empresa tem condições e necessidade de dispor de um fluxo de caixa para 15 anos, por exemplo, para poder sentir-se segura quanto ao futuro. O que se pretende é o questionamento e avaliação de toda empresa, para que não se perca uma oportunidade de otimização do instrumento por falta de percepção. Neste último caso, o conceito é o seguinte: posso ser muito eficiente e ter sucesso hoje e, ao mesmo tempo, descobrir que estou falido daqui a cinco anos, não podendo arcar com encargos financeiros, se não reverter a queda da margem, por exemplo.

1.3 DISCORRENDO SOBRE AS DIFERENÇAS ENTRE LUCRO E CAIXA

A grande questão do entendimento e utilização do fluxo de caixa gerenciamento dos negócios é a frase: *"a geração de caixa e de lucro, no longo prazo, serão iguais"*. A grande questão é entender de qual lucro estamos falando e em que bases essa igualdade ocorrerá. Sem isso, o gerenciamento de investimentos e desempenho não será consistente. De qualquer forma, é sempre bom lembrar que o tema desenvolvido neste livro tem por objetivo a perspectiva gerencial do fluxo de caixa, customizado à necessidade do gestor, que deverá dispor do instrumento tanto contendo informações **previstas** como **reais**. O fluxo de caixa para efeitos de divulgação devido à necessidade de reguladores não faz parte do escopo deste livro.

Quando se fala em lucro, podemos falar sobre o **lucro contábil** e o **lucro residual**, dentre vários tipos de lucro. A apuração do lucro contábil ocorre de acordo com os princípios e ignora o custo de oportunidade. Mais recentemente, com o advento do IFRS, customizado no Brasil pelo CPC 03, alterações relevantes foram feitas no tratamento dos valores que afetam o lucro contábil e, como decorrência, o lucro residual.

O lucro contábil é apurado a partir das receitas brutas, deduzindo-se os impostos diretos, abatimentos e devoluções, o custo dos produtos vendidos e/ou custos dos serviços prestados, as despesas, juros recebidos somados e juros pagos deduzidos, imposto de renda e contribuição social. Por sua vez, o lucro residual é (COPELAND, 1995) o que sobra depois que todos os agentes foram remunerados (funcionários, governo, instituições financeiras, fornecedores etc.) e leva em conta a figura do custo de oportunidade da entidade, o que gera uma informação só igual nos dois conceitos de lucro se a taxa de desconto for zero. Se isso acontecer (taxa de desconto for zero), não existirá remuneração ao capital investido, o que distorcerá a aplicação do conceito de lucro residual. Nessa perspectiva, para que exista sustentação consistente da utilização do fluxo de caixa e do lucro, para analisar decisões de investimento como acompanhamento de desempenho, podendo utilizar tanto a abordagem do valor presente líquido para o fluxo de caixa livre como o lucro residual, a valor presente, os valores presentes desses fluxos devem ser iguais. Nessas condições, os fluxos em períodos menores, como o mês a mês, por exemplo, podem ser, e normalmente são, diferentes.

Para exemplificar a explicação construiremos um exercício em que, em primeiro lugar, vamos comparar o lucro contábil e o caixa. Na sequência, trataremos o fluxo de caixa a valor presente e o lucro residual a valor presente. Quanto aos dados utilizados, temos que:

- O horizonte de tempo é finito, ou seja, de 5 períodos.
- O fluxo é líquido tanto para o caixa (entradas menos saídas) como para o resultado contábil (receitas menos gastos).
- Na montagem não existe impacto do capital de giro, já que todos os valores que entram por competência, no que se refere a fluxo de caixa, impactam o caixa no mesmo mês.
- Existe um só ativo de longo prazo e a sua vida útil coincide com a amortização. Será amortizado no mesmo período em que o fluxo de caixa é reconhecido. Dessa maneira, $5.000/5 = 1.000$.
- O conceito de provisão não é considerado no modelo inicial.

- O custo ponderado de capital da entidade (10% a.p.), é definido e utilizado tanto no cálculo do fluxo de caixa descontado como no lucro residual.

O cálculo do lucro residual pode ser desenvolvido a partir das diversas fórmulas. Duas alternativas são aqui descritas, proporcionando igual resultado (STEWART, 1991; COPELAND, 1995):

1. **VR = (R% – C%) × I$**

   onde:

   VR é o lucro residual em %

   R é o retorno operacional em %

   C é o custo ponderado de capital para o período

   I$ é o capital investido na operação, em valor monetário

Ou

2. **VR = R$ – C$**

   onde:

   VR é o lucro residual

   R$ é o retorno operacional, em valor monetário

   C$ é o custo ponderado de capital para o período, em valor monetário

A Tabela 1.1 demonstra os valores da demonstração de resultados que apura o lucro pela perspectiva contábil. Nesse caso, o lucro apurado no conjunto dos cinco anos foi de $ 5.000.

Tabela 1.1 – Demonstração dos resultados

Em $	Período						
	0	1	2	3	4	5	Total
Receita Bruta	–	8.000	8.000	8.000	8.000	8.000	40.000
Impostos e abatimentos	–	1.600	1.600	1.600	1.600	1.600	8.000
Receita Líquida	–	6.400	6.400	6.400	6.400	6.400	32.000
Custo dos produtos vendidos	–	2.000	2.000	2.000	2.000	2.000	10.000
Margem bruta	–	4.400	4.400	4.400	4.400	4.400	22.000
Despesas	–	2.758	2.758	2.758	2.758	2.758	13.790
Resultado Operacional	–	1.642	1.642	1.642	1.642	1.642	8.210
Outros itens não operacionais		(150)	(150)	(150)	(150)	(150)	(750)
Resultado antes do IR/CS		1.492	1.492	1.492	1.492	1.492	7.460
IR/CS		492	492	492	492	492	2.460
Lucro líquido		1.000	1.000	1.000	1.000	1.000	5.000

A Tabela 1.2 mostra o fluxo de caixa nominal consistente com a demonstração de resultados da Tabela 1.1. No caso, o fluxo de caixa ocorre no mesmo período em que a demonstração dos resultados, ou seja, a receita do mês 1 entra no caixa do mês 1.Como se percebe, o fluxo de caixa operacional soma $ 10.000 no período de 5 anos ($ 2.000 +$ 2.000 + $ 2.000 + $ 2.000 + $ 2.000) e o fluxo de caixa livre $ 5.000 ($ 10.000 – $ 5.000).

Tabela 1.2 – Fluxo de caixa – nominal

Em $	Período					
	0	1	2	3	4	5
Saldo inicial de caixa	5.000	–	2.150	4.299	6.449	8.599
Entradas de cobrança	–	8.000	8.000	8.000	8.000	8.000
Saída para pagamento de investimento	(5.000)	–	–	–	–	–
Saídas para fornecedores		(700)	(700)	(700)	(700)	(700)
Saídas pagamento de salários e encargos – custos		(200)	(200)	(200)	(200)	(200)
Saídas pagamentos de outros gastos – custos		(100)	(100)	(100)	(100)	(100)
Saídas pagamento de despesas		(2.758)	(2.758)	(2.758)	(2.758)	(2.758)
Saídas pagamento de imposto de renda		(492)	(492)	(492)	(492)	(492)
Saídas pagamento de outros impostos		(1.600)	(1.600)	(1.600)	(1.600)	(1.600)
Saídas de outros pagamentos						
Fluxo de caixa operacional	–	2.150	2.150	2.150	2.150	2.150
Fluxo de caixa livre	(5.000)	2.150	2.150	2.150	2.150	2.150
Saldo final de caixa	–	2.150	4.299	6.449	8.599	10.748

A Tabela 1.3 compara o resultado do valor presente líquido com o lucro residual. Considerando a mesma taxa de custo de oportunidade de 10% a.p. Conforme já mencionado, a demonstração da igualdade no longo prazo em termos de **fluxo de caixa e resultado econômico da entidade** pode ser apresentada conforme demonstração de Peasnell[1] (1982, p. 378). Para tanto, o resultado econômico é apurado pelo cálculo do resultado operacional menos o custo do financiamento das operações.[2] Outras formas de apuração do resultado econômico por meio de percentuais são possíveis e levam a igual resultado. A análise se inicia com a apuração do resultado (operacional) antes da depreciação ($ 8.210 + $ 5.000).

---

[1] Para os efeitos deste trabalho, o modelo original foi adaptado, sendo excluídos os cálculos referentes aos valores de reposição, que fazem parte do trabalho original.

[2] O tema pode ser melhor detalhado a partir da leitura de autores, tais como Stewart (1991), Rappaport (1998) e Copeland (1995).

Ao final do período 5, somando todas as parcelas do valor presente líquido do fluxo de caixa, o total de $ 3.149 é obtido, coincidindo com o valor presente do resultado econômico futuro. Entretanto, é importante perceber que as linhas de resultado por período analisado apresentam valores distintos (variação 2-1).

Qual o significado desse valor? Corresponde ao que será agregado à entidade e pode corresponder a um projeto específico ou mesmo ao *valuation* de uma entidade (FREZATTI, 2003).

Tabela 1.3 – Igualdade entre o fluxo de caixa a valor presente e lucro residual

Em $		Período					
	0	1	2	3	4	5	Total
Fluxo de caixa	(5.000)	2.150	2.150	2.150	2.150	2.150	
Valor presente líquido do fluxo de caixa	(5.000)	1.954	1.777	1.615	1.468	1.335	**3.149**
1. Valor presente líquido acumulado	(5.000)	(3.046)	(1.269)	346	1.814	3.149	
Saldo do valor do investimento	5.000	4.000	3.000	2.000	1.000	–	
Apuração do lucro residual							
= Resultado antes da depreciação		2.642	2.642	2.642	2.642	2.642	13.210
– Depreciação/Amortização		1.000	1.000	1.000	1.000	1.000	5.000
– IR/CS		492	492	492	492	492	2.460
= Resultado após a depreciação		1.150	1.150	1.150	1.150	1.150	5.748
– Custo de oportunidade do invest.		500	400	300	200	100	1.500
= Resultado ajustado		650	750	850	950	1.050	
Valor presente do lucro residual ajustado		591	620	638	649	652	**3.149**
2. Valor presente do lucro residual acumulado		591	1.210	1.848	2.497	3.149	
= Variação 2–1	5.000	3.636	2.479	1.503	683	–	

Levando em conta que podemos apurar o resultado contábil para, depois, encontrar o lucro residual, vamos identificar o que pode tornar diferente a figura do lucro do caixa, num período mensal:

1. **Elementos do capital de giro** em decorrência dos prazos de pagamento e recebimento, fazendo com que caixa e lucro sejam diferentes

por questão temporária. Uma receita reconhecida num dado mês, mas que será recebida no futuro, afetará o lucro no momento da venda mas só afetará o caixa no futuro. Analogamente, uma compra de recurso com pagamento no futuro, mas eventual utilização no mês em que foi comprado, provoca diferença entre lucro e fluxo de caixa. A movimentação dos estoques na venda de produtos transformando-se em contas a receber é outro fator ligado ao capital de giro, e que gera diferenças de *timing*.

2. **Não pontualidade de recebimento e não reconhecimento como perda** gera diferenças que podem ser temporárias ou permanentes. Mesmo considerando-se situações em que os atrasos sejam remunerados por taxa de juros, tais valores ajustados podem gerar diferenças nos casos em que a taxa de juros pelo atraso seja diferente do custo de oportunidade da empresa.

3. **Valores ativados (permanentes ou não)**, reconhecidos na demonstração de resultados por meio de apropriações periódicas. A depreciação e amortização de tais valores, devidamente corrigidas, proporcionam o reconhecimento contábil na apuração do lucro. Tais reconhecimentos (a depreciação e amortização) não se constituem em saída de caixa, mas representam o critério de atribuir parcelas de uso ao resultado ao longo da vida útil do ativo. Nesse sentido, afetam o cálculo de imposto de renda e contribuição social, estes, sim, com consequências em termos de fluxo de caixa da empresa.

4. **Provisões e diferimentos** (imposto de renda, contingências etc.), que afetam a demonstração de resultados mas não impactam o fluxo de caixa no momento em que são reconhecidos. Quanto maior a participação dos mesmos, mais significativa a variação. Nesse caso, a provisão pode ter horizonte de vida longo (impactar o caixa após anos, o que pode acontecer em casos de contingências e disputas judiciais, por exemplo) ou então de curtíssimo prazo (caso de encargos provisionados ao final do mês, para serem pagos no início do período seguinte). Analogamente ao item anterior, embora se trate de valores estabelecidos de maneira criteriosa, a movimentação de caixa pode ser diferente da que foi contabilizada no caso de disputas judiciais e contingências, por exemplo.

5. **Receitas reconhecidas e não recebidas** (investimento no mercado financeiro, cujos juros já são merecidos, mas que devem ser recebidos ao final do período de investimento, por exemplo).

6. **Impostos sobre a nota fiscal emitida**, como, por exemplo, o ICMS a ser pago aparece no fluxo de caixa, enquanto na demonstração de resultados, as receitas se iniciam a partir das vendas líquidas. Esse efei-

to pode ser sensível dada a magnitude do percentual incidente sobre as compras e sobre o faturamento. Quanto maior a margem, maior a base para o cálculo do imposto e maior o valor líquido a ser recolhido. Quanto maior o prazo para o pagamento, mais significativo o impacto em termos de diferentes valores mensais.

A Figura 1.3 indica as principais diferenças possíveis entre o lucro contábil e o fluxo de caixa.

Figura 1.3 – Possíveis diferenças entre o lucro e o fluxo de caixa mensais

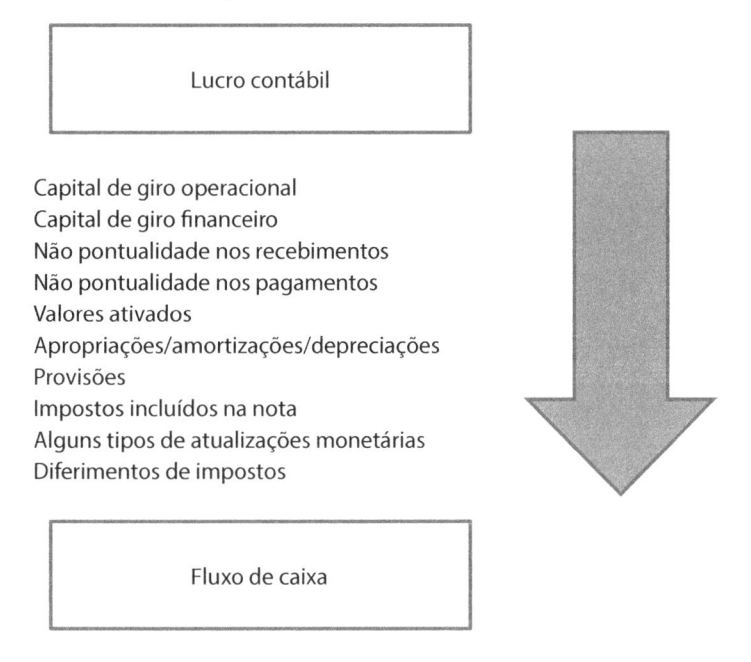

Lucro contábil

- Capital de giro operacional
- Capital de giro financeiro
- Não pontualidade nos recebimentos
- Não pontualidade nos pagamentos
- Valores ativados
- Apropriações/amortizações/depreciações
- Provisões
- Impostos incluídos na nota
- Alguns tipos de atualizações monetárias
- Diferimentos de impostos

Fluxo de caixa

Com o objetivo de exemplificar numericamente, facilitando o entendimento, suponha uma empresa que tenha características de pagamentos e recebimentos a prazo, ambos pontuais, estoque final maior que zero, compra de permanente, depreciação agregada às despesas, imposto de renda provisionado, investimento no mercado financeiro com juros a receber e provisão para contingências.

Uma vez demonstrada a igualdade entre o fluxo de caixa e o lucro residual no longo prazo, a etapa seguinte se refere às simulações com as distorções que deveriam ser eliminadas pelos ajustes já discutidos. Partindo da análise apresentada na Tabela 1.3, propõe-se a incluir os elementos de distorção para mostrar seu impacto sobre o resultado. Nesse sentido, a Tabela 1.4 apresenta uma situação em que se exemplifica ajuste decorrente da necessidade de retificar as apropriações referentes a pesquisa e desenvolvimento, por exemplo. A instrução do CPC

02 esclarece que os gastos com pesquisa não devem ser ativados e os gastos com desenvolvimento podem ser ativados. Consequentemente, em algum momento, os gastos com desenvolvimento serão amortizados. Isso seria mostrado a partir da percepção de um ativo que estaria sendo apropriado antecipadamente ao que se esperaria em termos de benefícios por eles proporcionados. Como consequência, os números apresentados diferem da Tabela 1.3, mostrando agora um cenário de maior risco para atingir o mesmo resultado a valor presente.

Tabela 1.4 – Impacto de ajuste da amortização de pesquisa e desenvolvimento sobre o lucro residual

Em $	Período						
	0	1	2	3	4	5	Total
Fluxo de caixa	(5.000)	2.150	2.150	2.150	2.150	2.150	
Valor presente líquido do fluxo de caixa	(5.000)	1.954	1.777	1.615	1.468	1.335	**3.149**
1. Valor presente líquido acumulado	(5.000)	(3.046)	(1.269)	346	1.814	3.149	
Saldo do valor do investimento		5.000	2.500	–	–	–	–
Apuração do lucro residual							
= Resultado antes da depreciação		2.642	2.642	2.642	2.642	2.642	13.210
– Depreciação/Amortização		2.500	2.500	–	–	–	5.000
– IR/CS		492	492	492	492	492	2.462
= Resultado após a depreciação		(350)	(350)	2.150	2.150	2.150	5.748
– Custo de oportunidade do invest.		500	250	–	–	–	750
= Resultado ajustado		(850)	(600)	2.150	2.150	2.150	
Valor presente do Resultado ajustado		(773)	(496)	1.615	1.468	1.335	**3.149**
2. Valor presente do lucro residual acumulado		(773)	(1.269)	346	1.814	3.149	
3. Valor presente do Resultado ajustado acumulado sem ajustes		591	1.210	1.848	2.497	3.149	
= Variação 2 – 1		5.000	2.273	–	0	–	–
= Variação 2 – 3		(1.364)	(2.479)	(1.503)	(683)	–	

Por período, o lucro residual apresentado difere, no primeiro período, substancialmente da projeção anterior (no primeiro ano, por exemplo, oscila de – $ 909 a $ 455) e terá consequências sobre a interpretação e o entendimento do desempenho da entidade, em relação aos quais os gestores e acionistas tomam decisões. Significa dizer que, nos períodos iniciais, a entidade estaria sendo vista de maneira menos favorável do que deveria em função da distorção produzida e, ao final do período de análise, o inverso seria mostrado pelos relatórios. Como se percebe, não basta se conformar com a igualdade no longo prazo, já que as decisões envolvem níveis de risco que podem oscilar de maneira intensa, alterando-as não somente como também a sua continuidade. Dessa forma, considerar tais gastos no resultado do período simplesmente por prudência pode trazer consequências muito mais amplas do que se pode perceber à primeira vista.

Outro exemplo do ajuste com objetivo de evitar a distorção, com resultados diferentes do exemplo da Tabela 1.4, é apresentado numa situação em que a depreciação é apropriada num horizonte de vida útil superior àquela que realmente proporcione benefícios para a organização. Tal demonstração é apresentada através da Tabela 1.5, sendo que os resultados totais apurados são iguais aos obtidos nas simulações anteriores:

Tabela 1.5 – Impacto do ajuste de amortização de ativo de longo prazo sobre o lucro residual

Em $		Período						
		0	1	2	3	4	5	Total
Fluxo de caixa		(5.000)	2.150	2.150	2.150	2.150	2.150	
Valor presente líquido do fluxo de caixa		(5.000)	1.954	1.777	1.615	1.468	1.335	**3.149**
1. Valor presente líquido acumulado		(5.000)	(3.046)	(1.269)	346	1.814	3.149	
Saldo do valor do investimento		5.000	4.500	4.000	3.500	3.000	2.500	
Apuração do lucro residual								
= Resultado antes da depreciação			2.642	2.642	2.642	2.642	2.642	13.210
– Depreciação/Amortização			500	500	500	500	500	2.500
– IR/CS			492	492	492	492	492	2.462
= Resultado após a depreciação			1.650	1.650	1.650	1.650	1.650	8.248
– Custo de oportunidade do invest.			500	450	400	350	300	2.000
= Resultado ajustado			1.150	1.200	1.250	1.300	1.350	
Valor presente do Resultado ajustado			1.045	991	939	888	838	4.701
Saldo do ativo – valor corrente								2.500
Saldo do ativo – valor presente							1.552	1.552
Valor presente do Resultado ajustado			1.045	991	939	888	(714)	**3.149**
2. Valor presente do lucro residual acumulado			1.045	2.037	2.975	3.863	3.149	
3. Valor presente do lucro residual acumulado sem ajustes			591	1.210	1.848	2.497	3.149	
= Variação 2 – 1		5.000	4.091	3.306	2.630	2.049	–	
= Variação 2 – 3			455	826	1.127	1.366	–	

Por sua vez, diferentemente da tabela anterior, a dedução do lucro residual do ativo passa a ser identificada ($ 1.552 é o valor presente do resíduo). O que se percebe é que uma vez que o ativo não mais tenha vida útil a oferecer não deveria existir como conceito de ativo, sendo demonstrada a sua dedução a valor presente. Na entidade, o que se infere é que o resultado econômico no primeiro período da Tabela 1.6 ($ 572 quando o mais adequado seria $ 591, por exemplo) é interpretado como menos favorável do que realmente deveria ser apresentado, podendo provocar reações e decisões indevidas. Embora pareça simples o entendimento desse efeito, não se percebem grandes preocupações das organizações nessa compatibilização entre real benefício e apropriação, independentemente do impacto ser favorável ou não em termos do curto prazo vivido.

A próxima análise, considerada na Tabela 1.6, leva em conta a exemplificação de critério de constituição de provisão para devedores duvidosos, contingências ou mesmo desvalorização de estoques. Nessa situação, uma discussão importante é aquela sobre a probabilidade de perda a ser incorrida, o que proporciona uma grande força ao princípio contábil que a suporta. Nessas condições, pode-se trabalhar com duas hipóteses: a primeira, que antecipa algo que realmente ocorra, proporcionando conclusões análogas àquelas demonstradas na Tabela 1.3, e a segunda em que a provisão revela um pessimismo exagerado, não constatado na realidade apurada posteriormente, e não provocando impacto sobre o fluxo de caixa da organização em algum momento. Como consequência, o valor presente do fluxo de caixa não se iguala ao valor presente do lucro residual (R$ 3.149 × 3.073).

Tabela 1.6 – Impacto do ajuste de provisões sobre o lucro residual

Em $		Período						
		0	1	2	3	4	5	Total
Fluxo de caixa		(5.000)	2.150	2.150	2.150	2.150	2.150	
Valor presente líquido do fluxo de caixa		(5.000)	1.954	1.777	1.615	1.468	1.335	**3.149**
1. Valor presente líquido acumulado		(5.000)	(3.046)	(1.269)	346	1.814	3.149	
Saldo do valor do investimento		5.000	4.000	3.000	2.000	1.000	–	
Apuração do lucro residual								
= Resultado antes da depreciação			2.642	2.642	2.642	2.642	2.642	13.210
– Provisão para devedores duvidosos/desvalorização de estoques			20	20	20	20	20	100
– Depreciação/Amortização			1.000	1.000	1.000	1.000	1.000	5.000
– IR/CS			492	492	492	492	492	2.462
= Resultado após a depreciação			1.130	1.130	1.130	1.130	1.130	5.648
– Custo de oportunidade do invest.			500	400	300	200	100	1.500
= Resultado ajustado			630	730	830	930	1.030	
Valor presente do Resultado ajustado			572	603	623	635	639	**3.073**
2. Valor presente do lucro residual acumulado			572	1.175	1.799	2.434	3.073	
3. Valor presente do lucro residual acumulado sem ajustes			591	1.210	1.848	2.497	3.149	
= **Variação 2–1**		5.000	3.618	2.445	1.453	620	(76)	
= **Variação 2–3**			(18)	(35)	(50)	(63)	(76)	

Neste caso tanto o valor presente total como por período apresentam diferenças. Evidentemente, que, caso houvesse reversão da provisão, a igualdade voltaria a ser verificada; entretanto, tal reversão se constitui em fato novo na análise e pode não ocorrer dentro do horizonte de tempo que se pretenda. Por exemplo, situação de uma entidade com uma ação em litígio e que deve ser encerrada antes da finalização da ação. Tal entidade não irá reverter valores até que a causa seja encerrada.

Muito embora as demonstrações numéricas sejam extremamente simplificadas, elaboradas em ambiente de não continuidade e voltadas para alguns exemplos relativamente específicos, alguns aspectos podem ser percebidos como passíveis de generalização:

1. Os ajustes desenvolvidos quando se migra da Contabilidade pelos princípios contábeis para o resultado econômico não decorrem tanto da existência dos princípios contábeis, mas sim da necessidade de se analisar o resultado de maneira diferente, a partir do retorno obtido *versus* o custo de capital, ambos da entidade. Nessa visão, a prioridade diferente na montagem da informação faz com que vários ajustes sejam requeridos e contribuam para que a análise se volte para a Gestão do Valor da empresa (FREZATTI, 2003);

2. Uma vez que cada organização pode ter características distintas, uma dada postura de ajustes pode ser adequada para uma entidade e não ser para outra, em decorrência das peculiaridades, porte e perfil de eventos que possam requerer ajustes do resultado contábil pelos princípios contábeis para o resultado econômico. Essa percepção corrobora Young (1999, p. 15). Como consequência, a utilização da ferramenta tem maior potencial de adequada utilização no âmbito da Contabilidade Gerencial, ou seja, interna da entidade;

3. Os ajustes devem ser entendidos pelos executivos não financeiros da organização e proporcionar informações que possam afetar de maneira adequada o seu comportamento (YOUNG, 1999, p. 19). Faz sentido, à medida que sua avaliação de desempenho esteja diretamente ligada à sinalização dada pela ferramenta. A Contabilidade, nesse sentido, deve ter o compromisso de proporcionar a informação não viesada;

4. A existência ou não do ajuste pode (em alguns tipos de ajustes isso pode ocorrer) não provocar resultado diferente do fluxo de caixa total proporcionado a longo prazo; contudo, a informação obtida **por período poderá** não refletir a mais adequada ocorrência (conforme apresentado nas Tabelas 1.6), o que pode ser ainda mais danoso do que se os resultados totais a valor presente fossem diferentes, principalmente levando-se em conta que gestores diferentes podem ser responsáveis pela entidade, nos diferentes momentos e os resultados normalmente impactam a avaliação de desempenho dos mesmos.

Finalizando, a retomada dos estudos e aplicações sobre o resultado econômico, iniciados de longa data, merecem muita atenção e apoio técnico para que possam ter a utilidade requerida pelas entidades. Nesse sentido, tanto gestores como analistas têm um caminho cheio de oportunidades e questionamentos pela frente.

É, na verdade, o conceito simples de caixa não é tão simples assim e se torna fundamental saber para que a informação é relevante, além de saber para quem.

1.4 QUESTÕES PARA ANÁLISE E DESAFIO

Questões

- Quais são as oportunidades estratégicas de utilização do fluxo de caixa?
- Quando cobrado pelo conselho de administração pelo fato de embora ter gerado caixa, não ter gerado lucro, quais seriam suas possíveis explicações?
- Como você percebe a utilização tática e de acompanhamento do fluxo de caixa diário da sua organização?
- Qual a maneira de se assegurar que os planos de longo prazo, médio e gestão do dia a dia estão alinhadas e consistentes?

Desafio

Analise uma dada empresa e identifique oportunidades para a existência e uso do fluxo de caixa com abordagem estratégica (longo prazo) e o fluxo de curto prazo. Que tipo de decisões podem ser tomadas? Quem deve ser envolvido? O que a empresa ganha com isso?

2
Estrutura Patrimonial e a Dinâmica do Fluxo de Caixa

"Por onde devo começar? Tem algum roteiro mais adequado?"
Técnico de futebol assumindo
um time em má campanha

No futebol pode ser que os caminhos sejam mais variados do que em finanças e contabilidade, mas sempre é importante entender os antecedentes de algo que vamos gerenciar. Para gerenciar o fluxo de caixa, os gestores têm que atuar sobre toda a estrutura de recursos da organização. Uma das formas possíveis de se entender a dinâmica do tema é usar o balanço patrimonial de uma organização.

Figura 2.1 – Estrutura geral do balanço patrimonial

ATIVO	PASSIVO & PL
CIRCULANTE	CIRCULANTE
LONGO PRAZO	LONGO PRAZO

O balanço contempla os investimentos do lado do ativo. No sentido formal (CPC, 2008), podemos considerar que:

> *Ativo* é um recurso controlado pela entidade como resultado de eventos passados e do qual se espera que resultem futuros benefícios econômicos para a entidade.
>
> *Passivo* é uma obrigação presente da entidade, derivada de eventos já ocorridos, cuja liquidação se espera que resulte em saída de recursos capazes de gerar benefícios econômicos.
>
> *Patrimônio Líquido* é o valor residual dos ativos da entidade depois de deduzidos todos os seus passivos.

O que pode acontecer com um ativo? Alternativamente, o ativo é um recurso que, (i) de alguma maneira, é caixa, (ii) vai **se transformar em caixa**, ou (iii) **colabora para a geração de caixa**. Se isso não ocorrer, compulsoriamente, vai se converter em perda. Tais ativos são segmentados em termos do tempo que demoram para se converter em caixa e, consequentemente, são classificados em circulante e longo prazo. No caso brasileiro, quando esse prazo supera 360 dias é considerado como sendo de longo prazo, e abaixo disso, circulante.

Complementarmente, o passivo e o patrimônio líquido correspondem aos financiamentos da organização para sustentar os ativos. No que se refere ao impacto no caixa existe a analogia quanto à segmentação indicada no ativo.

No que se refere a equilíbrio financeiro, faz sentido que os ativos de longo prazo sejam financiados pelos passivos de longo prazo e patrimônio líquido. Complementarmente, os ativos de curto prazo são financiados por passivos de curto prazo, ainda que seja interessante e possível nível de capitalização que proporcione financiamento por meio do patrimônio líquido da empresa, o que, por meio da capitalização da entidade, diminui o risco financeiro da mesma. Essa perspectiva proporciona a especificação de racional para o equilíbrio financeiro adequado à organização.

Voltando para os ativos, a ponderação na participação dos itens circulantes e de longo prazo decorrem de definições estratégicas da organização. Uma organização industrial que se utiliza de recursos terceirizados, por exemplo, embora possa ter muita dependência dos ativos de longo prazo no conjunto de recursos, não terá isso evidenciado pois os investimentos para gerar seus produtos terão sido feitos pelos terceiros que prestarão serviços. Tais investimentos de longo prazo nas organizações decorrem de projetos de análise de investimentos e pretendem proporcionar agregação de valor à entidade, no longo prazo. No fluxo de caixa, tanto os investimentos como os financiamentos devem ser explicitados de maneira que não apenas a decisão, mas a gestão ao longo do tempo, seja viável.

De qualquer forma, os itens circulantes, levando em conta os ativos e passivos, decorrem das operações da organização. A geração do produto, sua estocagem, venda, recebimento e aplicação de recursos são registradas e acompanhadas por meio das contas circulantes do ativo e passivo. Alguns autores chamam de capital de giro exclusivamente as contas de ativo. Neste trabalho, a referência ao capital de giro corresponde ao conjunto de elementos, ou seja, ativos circulantes – passivos circulantes.

2.1 O CAPITAL DE GIRO NAS ORGANIZAÇÕES

O capital de giro pode ser segmentado em dois grupos que proporcionam dinâmicas diferentes quanto às operações das entidades: capital de giro operacional e capital de giro financeiro. O capital de giro operacional contém os recursos para que o negócio se desenvolva. Numa empresa industrial, as contas do ativo que tratam o capital de giro são:

- O próprio caixa;
- Contas a receber, referente aos faturamentos que ainda não foram recebidos pela entidade;
- Estoques nos vários estágios, tais como matérias-primas e embalagem, estoques de produtos em processo e produtos acabados;
- Outros itens circulantes, tais como valores pagos antecipadamente, como seguros.

Predominantemente, os elementos citados se enquadram na classificação de recursos que irão se transformar em caixa, embora possam existir recursos que colaboram para a geração de caixa, como no exemplo dos seguros.

Os elementos do capital de giro operacional referentes ao passivo mais frequentes de serem encontrados são:

- Contas a pagar, incluindo-se todos os fornecedores, salários, impostos e outros credores; e
- Provisões de curto prazo, obrigações a saldar tecnicamente não enquadradas como contas a pagar.

Finalmente, os elementos do capital de giro financeiro são aqueles que permitem a equalização dos valores. Podem ser agrupados em:

- Investimentos de natureza financeira, de curto prazo; e
- Empréstimos de curto pazo.

Quando sobra caixa, esse recurso deve ser aplicado no mercado financeiro para obter remuneração. Quando falta caixa, analogamente, recursos são captados para zerar as obrigações de caixa da organização. Nesse sentido, pode-se dizer que o fluxo de caixa operacional direciona o fluxo de caixa financeiro, embora, no *continuum*, essa afirmação se constitua numa grande simplificação.

2.2 A DINÂMICA DO CAPITAL DE GIRO NAS ORGANIZAÇÕES

As contas do capital de giro só existem porque existem intervalos entre as operações e os recursos são aplicados durante esse período. A Figura 2.2, como um exemplo, indica a dinâmica dessa movimentação.

Figura 2.2 – A dinâmica do capital de giro

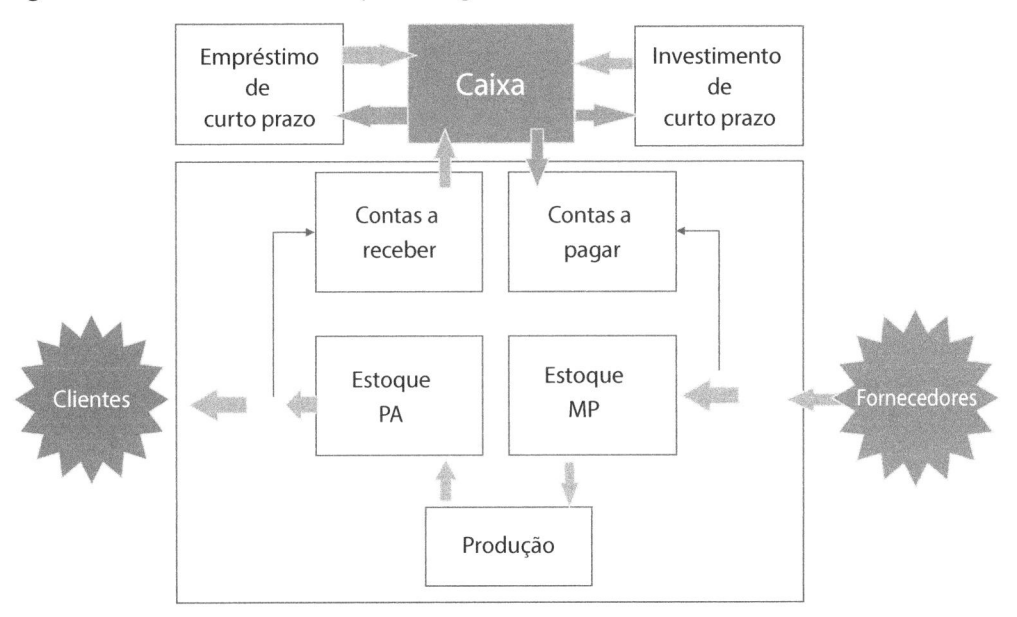

Pode-se imaginar que tudo começa quando algum recurso para uma organização fabril é adquirida junto a um fornecedor. Como consequência a entidade passa a ter um recurso em estoque, uma matéria-prima ou material de embalagem e, em contrapartida, uma obrigação para com o fornecedor, no passivo. Esse recurso fica parado no estoque de matérias-primas até o momento que é requisitado para entrar no processo produtivo. Quando isso acontece, entra no processo produtivo e tem agregado outros gastos, como mão de obra, gastos indiretos de fabricação. Ao ser completo o processo produtivo, o produto final muda de *status* e é tratado como produto acabado, aguardando o faturamento para um cliente, o que pode acontecer em um dia ou meses. Quanto maior o tempo em que os recursos ficam parados no estoque, maior o custo de carregamento desse estoque e, consequentemente, pior para o fluxo de caixa da organização. Dessa maneira, a área de logística deve zelar para que a geração dos produtos ocorra dentro de uma lógica otimizadora de recursos.

Analogamente, o cliente pode pagar imediatamente o produto recebido ou ter um prazo de 30 ou 300 dias. O prazo pode viabilizar a operação comercial mas não necessariamente isso vai gerar resultado positivo para o negócio. Um dos problemas mais comuns de serem vivenciados é que, naturalmente, a informação sobre o resultado final do negócio, levando em conta tanto a margem como o custo de oportunidade pelo investimento no estoque, não está disponível para o gestor, que dispõe da margem ou do custo de oportunidade isoladamente. Isso pode não ser relevante para uma economia com baixa taxa de juros, mas é muito relevante para a realidade brasileira.

Na lógica da gestão do capital de giro, contribuindo para que ele impacte favoravelmente o caixa, quanto menor o prazo para os ativos se converterem em caixa, melhor o resultado. Complementarmente, quanto maior o prazo dos passivos para que impactem o caixa, melhor o resultado. Essa é uma simplificação que se pode fazer se não houver negociação financeira para ajustes de prazo e não se souber a taxa de juros que permita essa negociação.

Uma outra forma de se entender a movimentação das contas do capital de giro é proporcionada pela Figura 2.3, onde os prazos são especificados. Ainda que o exercício seja simplificado, o que é relevante é entender o conceito. O nível possível de operacionalização se torna uma tarefa posterior, levando em conta tempos médios.

De uma forma algébrica, o ciclo de caixa representa uma informação relevante para entendimento do capital de giro da organização. Indica em quanto tempo o ciclo de caixa é reposto a partir das saídas. Quanto maior o número de dias, maior o risco financeiro da organização. O inverso é verdadeiro. Pode ser calculado da seguinte maneira:

> Ciclo de recebimento (contas a receber) + Ciclo de estocagem de produtos acabados + ciclo de estocagem de produtos em processo + ciclo de estocagem de materiais – ciclo de contas a pagar (que para efeitos desta análise inclui também as provisões).

Por sua vez, o ciclo de caixa contém o ciclo operacional que indica em quanto tempo a operação transcorre desde o seu início. Pode ser calculado da seguinte maneira:

> Ciclo de recebimento (contas a receber) + Ciclo de estocagem de produtos acabados + ciclo de estocagem de produtos em processo + ciclo de estocagem de materiais.

Figura 2.3 – Prazos dos ciclos do capital de giro

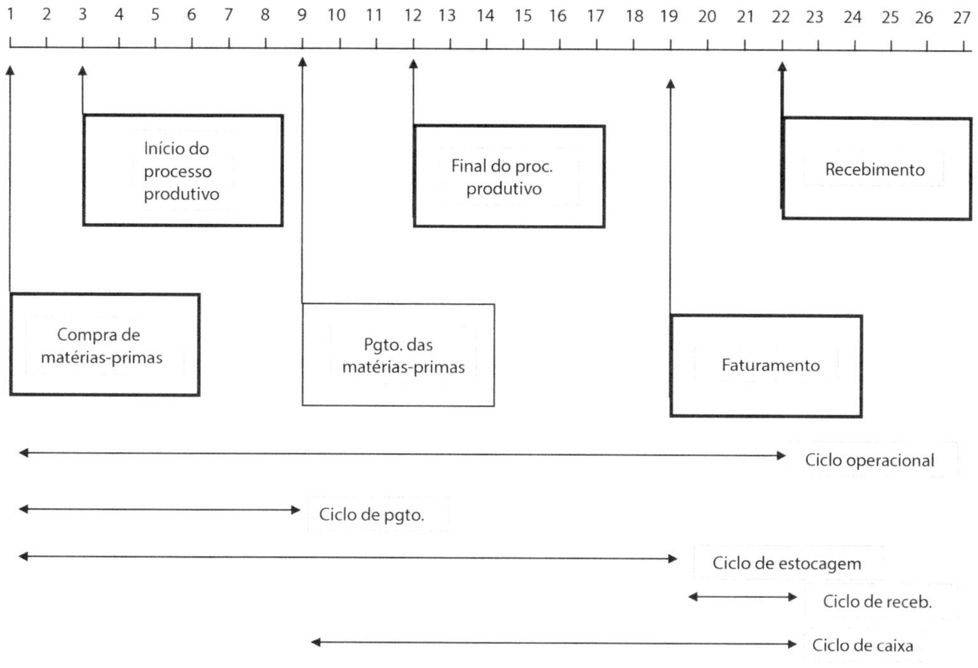

```
1  2  3  4  5  6  7  8  9  10  11  12  13  14  15  16  17  18  19  20  21  22  23  24  25  26  27
```

- Início do processo produtivo
- Final do proc. produtivo
- Recebimento
- Compra de matérias-primas
- Pgto. das matérias-primas
- Faturamento

Ciclo operacional
Ciclo de pgto.
Ciclo de estocagem
Ciclo de receb.
Ciclo de caixa

Fonte: Gitman, 2006.

Ou

Ciclo de caixa – ciclo de contas a pagar

Os ciclos indicados correspondem aos prazos de cada elemento dentro da sua categoria. Cada evento identificado na Figura 2.3 tem começo e fim. Recursos que sejam alocados em cada ciclo não necessariamente são remunerados e isso traz impacto para a rentabilidade da organização. Nos sistemas normais de relatórios gerenciais essa informação (i) normalmente não está pronta, (ii) não é simples de ser entendida e (iii) afeta várias áreas da organização (tais como controladoria, logística, tesouraria, comercial e de produção), que olham para o tema capital de giro com diferentes interesses e conflitos. Dessa maneira um dos desafios da logística da organização consiste em otimizar os recursos sem deixar de tê-los, mas não em quantidade que exceda muito a demanda. Isso serve para os estoques. A atuação da área comercial deve zelar para que os prazos de faturamento sejam os menores possíveis, o que contribuirá para a maior rapidez na entrada dos recursos no caixa; entretanto, o interesse comercial pode levar a empresa a decidir a existência do oposto. Por fim, nos valores de contas a pagar, o contrário é perseguido, ou seja, dispor dos maiores prazos possíveis de maneira a provocar impacto no caixa o mais distante possível. Todo esse raciocínio é consistente, embora as tensões e o poder de negociação de cada agente tenha inferências diretas, desde que inexistam juros pelos prazos. Num ambiente em que todas vendas e compras sejam definidas à vista e existam taxas de juros para ajustar os prazos, a análise deve levar em conta esse custo do dinheiro.

Uma análise de quanto custam as contas do capital de giro pode ser feita especificando-se cada conta e sua movimentação, sendo que começa a ser demonstrada por meio da Tabela 2.1.

Tabela 2.1 – Exemplificação do cálculo do ciclo de caixa

Em $	Contas a Receber	Contas a Pagar	Estoque Prod. Acab.	Estoque Processo	Estoque Materiais
Saldo inicial	400	220	10	5	30
Entradas (mensais)	850	750	600	630	500
Saídas (mensais)	770	600	425	600	441
Saldo final	480	370	185	35	89
Ciclo em dias	17	15	13	2	6
Relacionamento do saldo	Faturamento	Compras	Saída Produtos	Final Produção	Consumo Materiais

Os ciclos em dias são calculados, numa abordagem *backward*, ou seja, calculando o indicador sobre eventos que já ocorreram. O mais adequado em termos de planejamento seria utilizar a abordagem *foward,* ou seja, comparando o saldo com a dimensão de consumo futura e não passada, como no caso do *backward*. De qualquer forma, a mecânica do cálculo é a mesma. O cálculo dos dias é feito pela divisão do saldo final pela dimensão que se relaciona com esse saldo multiplicado pelo número de dias do período. No caso do contas a receber, a conta é 480/850*30 = 17. Qual o significado desse número? Ele indica que no saldo de contas a receber existe um valor equivalente a 17 dias de valores a receber. Isso é muito, pouco ou é adequado para a empresa? A resposta depende do nível de eficiência que a organização precisa e pode obter.

Uma matriz de *accountability* interessante é desenvolvida quando a análise das contas do capital de giro identificam as contas, os responsáveis, as metas e as ações de aperfeiçoamento que possam ser desenvolvidas. Em condições normais, isso já faz parte da vida da organização e apenas seria necessário organizar de maneira que os impactos sobre o fluxo de caixa sejam evidenciados.

Essa informação, embora tremendamente simplificada, colabora para o entendimento dos gestores. Por exemplo, se a conta feita para valores a receber obtém

45 dias quando o prazo máximo é de 30 dias, com certeza os valores a receber estão em grande parte atrasadas.

A Tabela 2.2 foi estruturada para demonstrar o custo das contas do capital de giro. Para isso foram utilizados os dias do ciclo de recebimento, de estocagem (materiais, processo e acabados) e do ciclo de pagamento. Como consequência foram apurados os custos líquidos de manutenção do capital de giro identificando os custos aplicando-se a taxa de custo de oportunidade da empresa sobre os saldos de cada alternativa. Nesse sentido, a alternativa 1 é a menos custosa e a alternativa 2 é a mais custosa.

Fica evidente que um dia a menos no ciclo de contas a receber se torna mais relevante para a organização do que um dia de estoques de materiais; contudo, o que seria viável em termos de otimização de resultados? A indicação do que seria melhor economicamente esbarra na perspectiva estratégica e nas possibilidades de implementação. Que podem depender do porte da organização, do setor, ou mesmo do momento econômico.

Tabela 2.2 – Diferentes estratégias de ciclo de caixa

	Dias Alt. 1	Dias Alt. 2	Dias Alt. 3	Saldo médio – $ Alt. 1	Saldo médio – $ Alt.2	Saldo médio – $ Alt. 3	Custo $ Alt. 1	Custo $ Alt. 2	Custo $ Alt. 3
Ciclo de recebimento	17,0	20,0	10,0	480	567	283	72	85	43
Ciclo de estocagem de materiais	6,0	17,0	16,0	89	250	235	13	37	35
Ciclo de estocagem de processo	2,0	3,0	3,0	35	60	60	5	9	9
Ciclo de estocagem de prod. acabado	13,0	22,0	5,0	185	312	71	28	47	11
Ciclo de pagamento	25,0	49,0	21,0	370	728	314	56	109	47
Ciclo operacional	38,0	62,0	34,0						
Ciclo de caixa	13,0	13,0	13,0				63	85	76

Desenvolver a estratégia para cada alternativa leva em conta uma visão integrada de planejamento dentro da organização. Senão vejamos:

- Os prazos de recebimento dependem de uma área comercial da organização no que se refere a estabelecer e praticar prazos. Por outro lado, uma área de cobrança negocia e pode ajustar tais prazos em decorrência de situações não esperadas.
- Os prazos do ciclo de estocagem de materiais, de processo e produtos acabados dependem de uma programação de produção, da confiabilidade do plano de vendas e mesmo do nível de eficiência do processo

produtivo. Ajustes nesse segmento trazem impacto direto na demanda por estoques e, consequentemente, sobre o custo de oportunidade.

- Quanto aos dias do ciclo de pagamentos, analogamente são impactados por capacidade de negociação da organização, nível de demanda e mesmo fluxo de aquisição dos recursos.

O que se conclui é que o processo de planejamento da organização, tanto no que se refere a mecanismos como a atividades das pessoas, é fundamental para que o desempenho do fluxo de caixa seja enfatizado. É a maneira como se envolvem diferentes áreas de uma organização, de forma integrada e com metas que otimizem resultados da empresa inteira e não apenas de uma área, num ambiente em que as tensões técnicas e políticas costumam ser relevantes.

2.3 O QUE FICA FORA DO CAPITAL DE GIRO?

Uma vez tratado o impacto do capital de giro no fluxo de caixa, resta pensar no impacto que os itens de longo prazo trazem à organização. Nesse sentido vamos resgatar a mensagem da Figura 2.1. Se o capital de giro é tratado pelo valor "líquido", na gestão de ativos menos passivos circulantes, quando se trata das contas fora do circulante a dinâmica efetivamente é diferente.

Começando pelos ativos, devem conter elementos de longo prazo. Dentre as possibilidades de características, de serem caixa, se transformarem em caixa ou proporcionarem condições para a geração de caixa, este último tipo é a grande característica dos ativos de longo prazo. Eles viabilizam a produção dos bens que serão comercializados ou permitirão a prestação de serviços pela entidade.

O CPC, por meio do seu Pronunciamento Conceitual Básico, que dispõe sobre a Estrutura Conceitual para a Elaboração e Apresentação das Demonstrações Contábeis (2008), identifica ativos que podem ter substância física embora não necessariamente essa seja a única característica. Na verdade, existem ativos como marcas e patentes que contribuem para o negócio mas não têm essa característica (CPC, 2008).

É relevante perceber as características dos ativos de longo prazo:

- Deveriam ser adquiridos a partir de um estímulo estratégico e análise do potencial econômico de geração de retorno. Isso se aplica particularmente aos itens do imobilizado. Tais investimentos serão amortizados e implicarão em impactos sobre o nível de risco das organizações, dada a sua característica de impacto sobre a estrutura de custos fixos. Por outro lado, seguros de longo prazo, por exemplo, apresentam características e benefícios totalmente diferentes, tendo impacto no fluxo de caixa não vinculado ao benefício.

- Muito relevante que sejam reconhecidos não apenas os valores de custo dos ativos de longo prazo, mas todo o conjunto de gastos a eles relacionados na instalação e implementação.
- A análise da fonte de financiamento deve ser concomitante com a decisão de aquisição de ativos de longo prazo, principalmente quando os montantes são relevantes para a estrutura da entidade.
- Podem ser vendidos e deve ser reconhecido impacto do imposto de renda e contribuição social incidentes.
- Existe, normalmente, grande envolvimento da alta administração no que se refere à motivação para o gasto e expectativa de impacto sobre os resultados. Isso torna o acompanhamento algo que se materializa e se repete no longo prazo;
- A reversibilidade da decisão de investimento é complexa e, muitas vezes, implica em perdas por não recuperar os valores originais.

Como consequência, é muito relevante que o fluxo de caixa indique separadamente as diferentes naturezas dos seus fluxos, quais sejam os diferentes tipos de ativos e passivos, bem como seus financiamentos, nas dimensões circulantes e de longo prazo.

Os financiamentos de longo prazo podem também sustentar as operações do capital de giro. Nesse sentido a capitalização da entidade por aumento de capital ou retenção de lucros pode ser a maneira de desenvolver essa ação.

Assim como no futebol, mencionado no início deste capítulo, um roteiro para o desenvolvimento sempre é muito útil, sempre existe uma melhor forma de começar.

2.4 QUESTÕES PARA ANÁLISE E DESAFIO

Questões para análise

- Quais os maiores problemas na gestão do fluxo de caixa de uma organização no que se refere aos recursos do capital de giro?
- Como assegurar que diferentes áreas entendam os desafios e oportunidades que podem ser tratados com o fluxo de caixa coordenado na organização?
- Como trazer para o gerenciamento operacional aspectos de otimização de caixa no que se refere ao capital de giro?

- Como olhar o financiamento para os ativos de longo prazo?
- Qual o relacionamento entre o ciclo operacional e ciclo de caixa?

Desafio

Analise uma organização e procure entender a relevância do capital de giro sobre o fluxo de caixa, identificando: (i) percentual de recursos entrantes, (ii) concentração de recursos em dado momento do mês e prazos. O que seria viável, nesse caso, em termos de melhoria de resultados?

3
A Importância de Contar com um Sistema Eficaz de Projeção de Fluxo de Caixa Diário

"Triunfar em batalhas e por todos ser aclamado como perito não significa o cúmulo da habilidade, já que erguer um pouco de penugem de outono não requer grande força, distinguir entre o sol e a lua não pede grande visão e escutar o ribombar do trovão não mostra grande audição."

Sun Tzu (300-400 a.C.)

O mencionado Sun Tzu tenta nos dizer que as coisas óbvias e gritantes todos veem? Será mesmo? O que poderia existir e que proporcionaria um diferencial competitivo? Dependendo do estágio de desenvolvimento de uma organização, não ter o óbvio, o básico, pode ser um diferencial competitivo "devedor". Vamos tratar desse aspecto.

Este capítulo tem por objetivo tratar o fluxo de caixa como um instrumento gerencial da organização. Para tanto, é importante entender por que, como e quando o fluxo de caixa pode ser um instrumento importante na gestão.

3.1 O FLUXO DE CAIXA COMO INSTRUMENTO GERENCIAL DA EMPRESA

Geração de caixa é algo fundamental na organização, no seu estágio inicial, no seu desenvolvimento e mesmo no momento da sua extinção. Toda a teoria de finanças leva em conta isto. Afinal, as decisões empresariais buscam demonstrar a geração de caixa que possa trazer, seja um projeto de investimento isolado ou um caso de fusões e aquisições de grande porte. Se isso é verdade, por que as organizações se conformam em dispor de instrumentos que apresentem representações do caixa ou mesmo elementos que são chamados de quase-caixa? A resposta pode estar ligada a inúmeros quesitos, muito embora, certamente, questões práticas ligadas a sistemas de informações, enfoque de gestão e mesmo formação dos gestores possam explicar as razões.

Um instrumento gerencial é aquele que permite apoiar o processo decisório da organização, de maneira que ela esteja orientada para os resultados pretendidos.

Considerar o fluxo de caixa de uma organização um instrumento gerencial não significa que ela vai prescindir da contabilidade e dos relatórios gerenciais por ela gerados. Ao contrário, ao fortalecimento dos relatórios gerenciais gerados pela contabilidade se pretende indicar a potencialidade do fluxo de caixa para melhor gerenciar suas decisões. A geração de informações previstas e realizadas por uma contabilidade gerencial estruturada é algo fundamental para a agilidade decisória dos gestores. Trata-se de considerar que o fluxo de caixa também deva ser arrolado como instrumento que traga subsídios para o processo de tomada de decisões. Na verdade, o simples reconhecimento disso já é um grande passo para que os gestores do negócio possam dispor de informações adequadas.

3.2 A CONTABILIDADE E AS INFORMAÇÕES GERENCIAIS

O nascimento do termo **contabilidade gerencial** é curioso, já que está ligado à percepção de que a contabilidade financeira pode não ser a mais adequada para o tomador de decisão interno. Isso ocorre pelo fato de que o legislador e seus auxiliares que fazem cumprir a legislação se preocupam exclusivamente com o que lhes interessa em termos de informações contábeis, gerando distorções ou duplicidade de esforços nos relatórios que deveriam ter utilidade para o gestor da organização. Certamente, a introdução da abordagem do IFRS por meio do CPC alterou substancialmente essa distância. De qualquer forma, os executivos precisam de informações específicas para o processo de tomada de decisão. Isso não deveria ser um problema mas sim uma possibilidade de adequado atendimento do usuário da informação (FREZATTI et al., 2009). Se por um lado ela é custosa, por outro, pode ser um diferencial relevante para os gestores. Por uma questão de querer evitar duplicidade de esforços e mesmo de resultados, as definições regulatórias podem prevalecer sobre aquelas eminentemente gerenciais, criando distorções para os demais usuários das informações que não o fisco ou o mercado de capitais.

A contabilidade gerencial veio resgatar a adequação das informações para os gestores. Tais informações são, preponderantemente, de origem e conotação financeira, embora não deva ser essa a exclusividade. Ao contrário, indicadores quantitativos não financeiros cada vez mais permitem aos executivos o entendimento e ações. Da mesma forma, para vários autores, os temas fluxo de caixa e contabilidade aparentam ser irreconciliáveis; significa que se existe o fluxo de caixa, ele nada tem a ver com a contabilidade. Entendem que, caso a informação seja contábil, nada tem a ver com o fluxo de caixa. Na verdade, esse tipo de abordagem leva em conta que o fluxo de caixa é um instrumento de utilidade para o tesoureiro da organização e as informações contábeis para a controladoria. As lógicas de tratamento de dados das informações "por competência" e "por fluxo" nem sempre são percebidas claramente. Esse tipo de visão tem origem nas questões ligadas às limitações dos sistemas de informações não integrados, formação e premissas de trabalho que os executivos das respectivas áreas têm. Entretanto, tal abordagem não mais deveria prevalecer a partir da existência dos sistemas computadorizados integrados, os quais permitem aos usuários o convívio dentro de uma mesma base de dados, viabilizando diferentes objetivos de informações. Com isso se pode dizer que o fluxo de caixa projetado e real da organização se constituem em uma importante informação gerencial.

Banco de dados significa para a contabilidade a coleta, análise, classificação e disponibilidade de informações que possam ser utilizadas por diversos usuários, independentemente da natureza periódica (conceitos, regras e premissas de utilização) que sejam aplicadas.

Nessa linha de raciocínio, as informações referentes aos **fatos econômicos** estariam disponíveis nessa base de dados integrada, hoje em dia bastante comum nas organizações; isto permite rearranjos (diferentes princípios, datas de encerramento etc.) no sentido de montar as informações dentro das mais variadas maneiras para atender diferentes usuários ou necessidades. Mais do que uma área específica na empresa, cada vez mais a contabilidade está ligada a essa abordagem, possibilitando a sua expansão de fronteiras e de usuários.

Outra questão muito frequente se apresenta nessa linha de raciocínio: afinal, para que ter um fluxo de caixa elaborado separadamente se é possível ter um único banco de dados que permita aos gestores dispor de informações que indiquem a liquidez real e mesmo projetada, paralela ao resultado econômico?

Tal questão se coloca um passo à frente, ou seja, pressupõe que o fluxo de caixa é necessário para o processo de decisão, no que se refere à liquidez, de per si. Como o presente objetivo consiste em discutir a inter-relação entre a informação que apresenta o lucro e o caixa gerado, não existe prejuízo em discutir a questão nesta ordem dos elementos. O que se percebe, na verdade, é que, com o passar do tempo, a integração entre os sistemas de informações se torna cada vez maior, permitindo maior consistência entre as várias informações, possibilidades de utilização de diferentes conceitos e datas de corte ajustáveis de acordo com a conveniência/objetivo da informação requerida. Isso torna possível a extração do fluxo de caixa da mesma base de dados que captura o lucro da organização.

Edwards e Bell (1964, p. 4) consideram que as informações contábeis, além do caráter preventivo para evitar fraudes e roubos, têm muito mais o objetivo de suportar as decisões de negócios, porquanto contribuem para (1) o controle dos eventos atuais no processo produtivo, (2) para a formulação de melhores decisões futuras e (3) modificação do próprio processo decisório. Os autores consideram que as informações internas geradas pela Contabilidade podem ser úteis aos usuários externos, daí considerarem que "...*não seria surpresa se os mesmos princípios contábeis pudessem ser usados tanto para os usuários internos como externos*" (1964, p. 5). Em termos práticos, percebe-se uma certa limitação quanto ao real atendimento de todos os tipos de usuários. Na verdade, algumas questões são cruciais:

1. Quem são os usuários internos?
2. Que tipo de decisões são tomadas por esses usuários?
3. Quais as informações que são requeridas para a decisão e acompanhamento?

Esse tipo de preocupação leva em conta as peculiaridades das empresas, o que torna a análise específica para dada organização, em dado momento. Iudícibus (1995) considera que a Teoria da Contabilidade se propõe a discutir a abrangência das possibilidades de atender aos usuários potenciais (que podem ou poderiam ser usuários das informações contábeis) e os reais (aqueles que as utilizam). Levando em conta diferentes setores da economia, diferentes tamanhos de organizações, diferentes estágios de maturidade organizacional e mesmo cultura, fica complicado rotular o gestor. A abordagem escolhida leva em conta a identificação das DECISÕES TOMADAS na organização e a análise das informações requeridas para tal.

3.3 ENFOQUES ENCONTRADOS NAS EMPRESAS

Por uma questão de simplicidade, podemos dividir os profissionais de tesouraria das empresas em dois importantes grupos quanto ao enfoque de gestão de fluxo de caixa:

3.3.1 O enfoque reativo

Suas principais características são as seguintes:

- "Seu fluxo de caixa é resultante das demais ações"

  Ter sobra ou déficit de caixa em uma organização decorre de prazos concedidos pelos fornecedores à área de compras da empresa, de prazos de pagamento concedidos aos clientes pela área de vendas, por definições de prazos definidos pelo governo e mesmo por especificações de entrega feitos pela área de logística aos fornecedores. Dessa maneira, o

que sobra para o tesoureiro em termos de decisões? Ele já recebe tudo decidido.

É, nessas condições esse profissional é realmente um pobre coitado na empresa, pois ele tem que explicar algo que não fez, se comprometer com metas de liquidez que não tem o poder de cumprir e, o que é pior, não sabe como sair dessa, o que só é possível quando o fluxo de caixa é um instrumento gerencial da empresa e não apenas da tesouraria.

Como sair dessa visão? Sendo proativo e integrando os agentes que impactam o fluxo de caixa da organização. As demais áreas da empresa devem saber qual a situação do fluxo de caixa do período, o que podem fazer para melhorá-lo e o que devem fazer para não piorá-lo. Algumas posturas podem ser evitadas:

- *"O fluxo de caixa é **meu** instrumento de trabalho"*

    Enquanto o fluxo de caixa for apenas "**seu**" instrumento de trabalho (leia-se do tesoureiro), esse profissional será mesmo um pobre coitado, já que ele não pode responder por todas as ações que ocorrem na organização. Como sair dessa visão? Tornando o fluxo de caixa um **instrumento de gestão da organização**. Na verdade, as demais áreas da empresa não se sentirão nem um pouco comprometidas com as metas do fluxo de caixa se ele for um instrumento só do tesoureiro. Por outro lado, quando o tesoureiro pedir explicações ao responsável pela área de suprimentos quando as compras à vista estiverem superado a previsão fornecida pelo próprio executivo de suprimentos, o nível de profissionalismo da interação será grande e adequado.

- "Pouco influi nos resultados da empresa"

    A área comercial decide os prazos de faturamento a conceder aos clientes e o caixa sofre as consequências. A área de suprimentos decide se compra à vista ou a prazo e se a liquidez é afetada. A área de comunicação decide veicular uma nova campanha publicitária na mídia e o desembolso é imediato, sendo novamente o caixa afetado. Que as várias áreas da empresa tenham autonomia é algo muito importante nas organizações.

    A descentralização como tendência de gestão empresarial é algo que já caminha, de longa data. Isso indica que os profissionais devem ter liberdade de ação e por ela responder. Nada de errado nisso. O que parece faltar é uma ação mais proativa do responsável pela gestão da liquidez demonstrando os impactos que as várias áreas têm provocado no resultado da empresa. Ao final das contas, todos devem ser cobrados pelos resultados atingidos. Se o resultado definido é o lucro, ações que prejudiquem o caixa podem ser mascaradas. Se, além do lucro, por exemplo, a geração de caixa, os prazos e mesmo *timing* de faturamento forem considerados como resultados a alcançar, fica mais fácil de estabelecer acompanhamento dos resultados globais da empresa.

Em algumas organizações, todas as áreas fazem seus planos e desempenham suas ações a partir do conceito de valores à vista e o tesoureiro é responsável pelos prazos e juros. Esta é uma combinação que parece ser simples (e conceitualmente o é), mas que, em termos práticos mexe com questões comportamentais e de geopolítica interna da empresa.

- *"O que der, deu..."*

   Fluxo de caixa projetado é um instrumento que deve conter as metas mais adequadas à empresa. Para isso, pode ser necessário fazer várias simulações, negociar alterações com quem pode fazer com que ocorram. Em outras palavras, após a montagem do fluxo de caixa, o tesoureiro percebe que o resultado final em termos de caixa gerado foi negativo, ou seja, endividamento crescente. Qual a próxima ação? Analisar como evitar que isso possa acontecer, mediante antecipação de entradas e ato de postergar saídas, mediante negociações com terceiros. Não é possível aceitar e se conformar com o resultado. O capítulo referente a análise do fluxo de caixa se propõe a ser mais explícito sobre isto. O tesoureiro sozinho não consegue alterar o resultado; se o fluxo de caixa for um instrumento de gestão da empresa, as coisas são diferentes ...

- *"Eu cuido da minha parte..."*

   As empresas estão se livrando dos gerentes funcionais, aqueles que respondem apenas por marketing, finanças, recursos humanos etc. Cada vez mais, os **gerentes da empresa**, os parceiros estratégicos, são procurados e reconhecidos nas organizações. Implica dizer que não dá para cuidar apenas da sua própria parte na história, mas sim perseguir a otimização de resultados para a empresa como um todo. Dependendo do perfil e cultura das organizações, isto pode significar diferentes procedimentos: em alguns casos questionar a área do próximo é uma ação muito estimulada; em outras participar de mudanças em áreas externas às responsabilidades formais etc., ser visto na empresa como parceiro estratégico é fundamental.

3.3.2 O enfoque *cash management*

Exatamente porque o enfoque anterior tem deficiências pela não integração de atividades na empresa e visão restrita, a visão de *cash management* se propõe a responder a esses pontos fracos. Parece mais fácil o entendimento deste enfoque pela sua caracterização, que é o que se pretende explicar no item 3.4. De maneira sintética, a abordagem de *cash management* pretende ser integrada aos negócios, proativa e fortemente comprometida com alto nível de desempenho, no sentido de alcançar resultados planejados.

3.4 PILARES DO *CASH MANAGEMENT* NAS EMPRESAS

De maneira geral, as características mais importantes no enfoque são as seguintes:

- Visão integrada do caixa em relação aos negócios

    Significa dizer que o responsável pela tesouraria da empresa não está apenas preocupado com a geração de caixa pela incorrência de juros ou então pelo controle do *floating* bancário. Ele está sim preocupado com oportunidades operacionais ou não, da sua área de atuação ou não. O importante é que o executivo em questão está preocupado com a otimização do caixa, aumentando entradas ou diminuindo saídas em todas as atividades da empresa.

- Além de finalizar ciclos, planeja impacto nos resultados

    As ações decididas devem ser mensuradas em termos de impacto nos resultados. Isso pode acontecer em termos de redução de juros a pagar, por exemplo. Dessa maneira, discussão sobre conveniência de vender a prazo a partir de taxa de juros subsidiada, por exemplo, passa a ser entendida e discutida à luz dos interesses globais da empresa e não apenas de uma área isolada. Esse procedimento leva os gestores a discutir em conjunto variáveis que podem ter um responsável por ter grande interação no trabalho mas afetam toda a empresa. A organização continua tendo um responsável mas ela passa a ter a obrigação de olhar não apenas as suas responsabilidades mas para a organização inteira.

- Alta preocupação com competitividade e desempenho

    O fluxo de caixa projetado estabelece parâmetros de desempenho para a empresa como um todo. Certa magnitude de vendas à vista para o período, por exemplo, é uma meta que vai afetar a liquidez e que deve ser cobrada da área comercial. Valor de desembolsos para compras que devem ser pagas dentro do período fazem parte das responsabilidades da área de suprimentos, analogamente devem ser dela cobrados.

- Equilíbrio financeiro de caixa

    Os executivos financeiros das empresas estão familiarizados com o ponto de equilíbrio econômico ou mesmo a sua visão financeira; entretanto, menos comumente vemos o ponto de equilíbrio de caixa, que poderia trazer importantes conclusões para os gestores, provocando decisões muito mais adequadas nas organizações. Em outras palavras, nada adianta calcular o ponto de equilíbrio tradicional para uma situação de análise de alternativa de fechamento de uma fábrica por questões de baixa escala, por exemplo, sem analisar o correspondente ponto de equilíbrio de caixa (que exclui a depreciação, por exemplo). Dessa maneira, diferentes conceitos podem conviver desde que se entenda para que são utilizados. Em muitos casos, a decisão poderia ser alterada, modificada, haja vista que as amortizações deveriam ocorrer caso a empresa estivesse produzindo normalmente ou abaixo do seu ponto adequado. Dessa maneira, para o processo decisório, é irrelevante apenas o ponto de equilíbrio tradicional.

- Filosofia de gestão de caixa

    Que perfil de investimento a empresa está disposta a assumir? Como quer financiar as operações? Que tipo de instituição financeira é adequada para um relacionamento de longo prazo? Essas e muitas outras questões devem estar resolvidas no âmbito da empresa, tornando a sua gestão clara e não subjetiva e decorrente do humor de um executivo. Definir não significa burocratizar. A grande vantagem da definição é que se evita que conflitos desnecessários ocorram por falta de critérios no tratamento de situações rotineiras.

    Uma situação que foi percebida em várias empresas, algumas até relativamente bem estruturadas, diz respeito a como tratar atrasos de clientes. Ficou evidenciado que, por não terem regras claramente definidas, cada cliente, dependendo dos seus conhecimentos junto ao fornecedor, tinha tratamento que poderia ser mais ou menos favorecido, dependendo da sua própria espertez em termos de prorrogação de faturas vencidas e cobrança de juros. Como decorrência, embora forte comercialmente falando-se, essas empresas não tinham uma postura sólida perante o cliente em termos do que esperar no sentido financeiro, sendo por ele controlado, ao invés de ocorrer o contrário. Isso não deve acontecer numa empresa e desmoraliza completamente a administração.

    O tesoureiro sozinho não consegue desenvolver esse tipo de ação. Precisa de apoio e de envolvimento de outras áreas para que o fluxo de caixa seja também beneficiado.

    O entendimento dos efeitos gerais gerados pela liquidez é importante nas empresas. Embora seja fácil entender que uma venda a prazo sem a inclusão de taxas de juros implícitos ou explícitos descapitaliza a empresa se o intervalo de tempo (o prazo para recebimento) não foi considerado na formulação do preço. Entender a amplitude dessa afirmação nem sempre é fácil e imediato. Cabe aos responsáveis pela gestão da liquidez o papel de explicar e tornar inteligíveis tais informações.

O que formalizar? Isso depende muito de cada empresa; entretanto, a grande tendência é definir diretrizes básicas e deixar o detalhamento por conta dos níveis hierárquicos compatíveis.

- Estrutura de responsabilidade favorável

  A estrutura que gerencia a empresa é importante no fluir das decisões. Valorizar o fluxo de caixa como instrumento gerencial da empresa como um todo significa dizer que a disseminação do conceito deve ser iniciada de cima para baixo dentro da empresa. Nas organizações em que a alta administração está visivelmente e concretamente envolvida no fluxo de caixa, ele é percebido como importante. Muito embora pareça simples, nem sempre a realidade o é: nós só damos importância para aquilo que entendemos. Qual a consequência imediata? Em certos casos, é necessária verdadeira pregação até que se possa contar com apoio da empresa representada pelas ações de seus executivos.

  Ainda falando sobre estrutura, é fundamental considerar que o fluxo de caixa projetado não deve ser montado isoladamente por uma área, mas sim deve ser um compromisso conjunto da empresa como um todo, a partir de informações fornecidas pelas várias áreas participantes. Isso permite à empresa torná-lo visível, transparente e não uma caixa preta nas mãos de uma área privilegiada.

3.5 FLUXO DE CAIXA OPERACIONAL, DE BENS DE CAPITAL, DO ACIONISTA E FINANCEIRO

O fluxo de caixa de uma organização deve conter detalhamentos que permitam a adequada análise das informações contidas. Um fluxo de caixa não adequadamente estruturado leva a empresa a não entender, não analisar e não decidir adequadamente sobre a sua liquidez. Inicialmente, é importante distinguir, quanto ao usuário da informação os seguintes aspectos:

Fluxo de caixa da Tesouraria

É elaborado pelo Tesoureiro da empresa e disponível em termos de informações previstas e realizadas. É elaborado a partir de nível de detalhe para que tenha utilidade prática, possibilitando identificação até mesmo do número da fatura a ser paga, por exemplo. Dessa maneira, seu nível de detalhe é diário (a projeção e o acompanhamento ocorrem no menor módulo de tempo, no caso, diário). Sua projeção tem por objetivo dispor dos valores de entradas e saídas que possam ser acompanhados diariamente quando obtido o realizado.

Fluxo de caixa contábil

É elaborado como produto conjunto das demonstrações contábeis (balanço patrimonial e demonstração de resultados) tanto pela abordagem direta (que leva em conta as contrapartidas) ou indireta (que soma ao lucro os valores que não correspondem a saídas de caixa). Seu nível de precisão está ligado ao horizonte de repetitividade da avaliação dos resultados: mensal, semestral, anual etc., em função dos balanços mensais, semestrais, anuais etc. Sua preocupação maior reside na sobra ou valor líquido entre entradas e saídas.

Em termos práticos, normalmente, as organizações gerenciam seu fluxo de caixa diário de tesouraria e integram as informações com o fluxo de caixa gerado pelas demonstrações financeiras (balanço e demonstração de resultados), a partir dos elementos que representam efetiva saída de caixa (CPC 03).

Bierman (1994, p. 66) reconhece que o fluxo de caixa deva ser elaborado separando o fluxo de caixa das operações, fluxo de caixa das operações deduzido dos gastos de capital e o fluxo de caixa das operações deduzidos os gastos de capital e itens financeiros (empréstimos/investimentos).

1. O fluxo de dividendos está misturado com o fluxo da atividade operacional, o que torna difícil o entendimento do fluxo de caixa do negócio. A discussão do que seria operacional para a organização precede a classificação.

2. Os juros recebidos e pagos referentes ao capital de giro estão definidos como sendo parte do fluxo de caixa operacional, o que distorce a real geração de caixa pelas operações.

Várias são as abordagens disponíveis de detalhamento do fluxo de caixa. O plano de contas para seu acompanhamento pode ser fruto dos vários enfoques da organização. O importante, independentemente do formato e da maneira como são espelhadas, é que as diferentes naturezas de fluxo estejam contempladas. Caso a organização tenha vários tipos de atividades ocorrendo no seu dia a dia, devem elas lá estar refletidas; significa que o fluxo operacional (resultante das transações que respondem à missão da empresa) deve estar espelhado, separadamente das entradas e saídas referentes aos acionistas e mesmo daquelas referentes aos bens de capital. Outros detalhamentos de natureza podem ser obtidos caso sejam relevantes na organização, tais como fluxo de *royalties*, aluguéis etc. O importante é que o fluxo financeiro seja igual ao somatório dos demais fluxos (fluxo operacional, fluxo do permanente e fluxo dos acionistas), ou seja, quando há uma sobra de caixa originada por cobrança superior aos pagamentos, tal sobra deverá ser aplicada no mercado financeiro, o que representa uma saída de caixa. Analogamente, quando existir uma falta de caixa originada por uma cobrança menor do que os pagamentos, o déficit então apurado deverá ser coberto com uma entrada de caixa referente a resgate de investimentos ou captação de empréstimos.

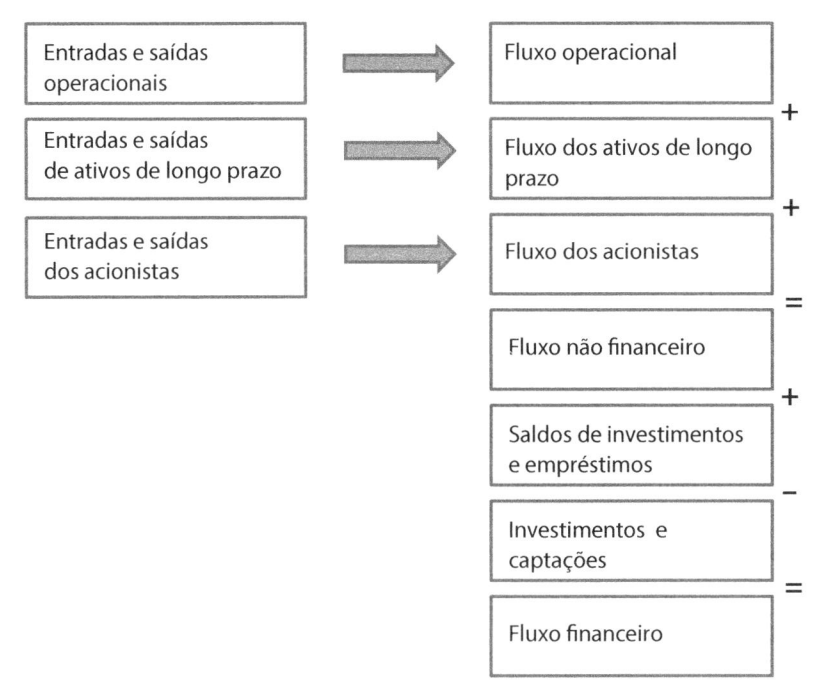

Figura 3.1 – Fluxo de caixa e seus diversos componentes

Entradas e saídas operacionais	→	Fluxo operacional
Entradas e saídas de ativos de longo prazo	→	Fluxo dos ativos de longo prazo
Entradas e saídas dos acionistas	→	Fluxo dos acionistas
		Fluxo não financeiro
		Saldos de investimentos e empréstimos
		Investimentos e captações
		Fluxo financeiro

A Figura 3.1 ilustra, em termos de grandes grupos, a estruturação do fluxo de caixa em:

1. Operacional: deve conter como entradas a cobrança da venda dos produtos/serviços gerados e comercializados; por sua vez, as saídas operacionais devem conter os elementos que estão ligados à geração, administração e comercialização de tais produtos, tais como salários, pagamentos a fornecedores, gastos com serviços públicos etc.

2. Ativos de longo prazo: fluxo ligado aos investimentos nos ativos de longo prazo da empresa, tanto no que se refere às novas aquisições e construções como também às vendas de ativos obsoletos. A revisão da lei societária trouxe a mudança de terminologia permanente para ativos de longo prazo.

3. Acionistas: indicam os fluxos que de alguma forma afetam o acionista e que são derivados de decisões de capitalização (aumento de capital) ou de distribuição do lucro ou redução de capital.

4. Financeiro: equaliza o somatório dos demais fluxos: no caso de sobra de recursos, existe saída para a aplicação; no caso de falta de caixa, existe resgate de investimento ou mesmo captação de recursos. Tanto os recebimentos como pagamentos de juros são registrados neste grupo.

Poder-se-ia perceber o formato de tal fluxo da seguinte forma (vide o capítulo específico sobre formato do fluxo de caixa):

Fluxo operacional
- \+ Cobrança
- − Pagamentos
- = Fluxo de caixa operacional

Fluxo dos ativos de longo prazo
- \+ Venda de ativos
- − Pagamentos referentes a aquisições
- = Fluxo dos bens de capital

Fluxo dos acionistas
- \+ Integralização de capital
- − Distribuição de lucro
- = Fluxo dos acionistas

Fluxo financeiro
- \+ Entradas
- − Saídas
- = Fluxo financeiro

Tal detalhamento pode viabilizar a percepção de diferentes questões ligadas à gestão da empresa:

A saúde do negócio

Pode ser percebida pelo fluxo operacional. Escassez de caixa pode significar que o negócio esteja mal, o que não seria percebido se os fluxos de diferentes naturezas estivessem misturados, ou mesmo não adequadamente separados. Evidentemente que certos setores como supermercados, por exemplo, apresentam características próprias diferenciadas da regra geral.

Otimização de resultados

O entendimento adequado dos eventos poderia permitir o seu gerenciamento a fim de otimizar o resultado. Por sua vez, a não existência das informações elaboradas dentro do detalhamento que permita entender sua natureza irá dificultar, e até mesmo impossibilitar, o seu gerenciamento, já que fluxos ocasionais seriam confundidos com outros permanentes.

Desempenho e necessidades do fluxo financeiro

A adição algébrica do fluxo operacional com o fluxo dos acionistas e fluxo do permanente gera um valor que, em módulo, é igual ao valor dado pelo fluxo financeiro; na verdade, os sinais são contrários (quando a adição indica um valor positivo, o fluxo financeiro é negativo e vice-versa). Isso indica o que a atividade financeira da tesouraria deve fazer para equalizar o fluxo: aplicar as sobras de caixa e captar/resgatar quando faltarem recursos.

No início deste capítulo, foi citada a frase de Sun Tzu sobre as coisas óbvias, aquelas esperadas. Embora sejam óbvias, devem ser desenvolvidas pelas organizações. O óbvio também é importante e muitas vezes, quando ignorado, sai caro!

3.6 QUESTÕES PARA ANÁLISE E DESAFIO

Questões para análise

- Por que motivo é importante que o fluxo de caixa diário seja tratado como um instrumento gerencial da empresa e não apenas da tesouraria?
- Por que o enfoque reativo é nocivo para a organização e não apenas ao tesoureiro?
- Cite 3 pilares da abordagem *cash management* na gestão do fluxo de caixa diário.
- O que deve compreender a filosofia de gestão de caixa?
- O que deve conter o fluxo de caixa operacional da empresa?
- Que implicações para o tesoureiro da empresa teria o fluxo de caixa financeiro negativo de uma organização?
- Qual a consequência de misturar pagamentos de juros e dividendos no fluxo de caixa?
- O que deve se esperar da estrutura de responsabilidade em termos de fortalecimento do fluxo de caixa diário?

Desafio

Olhando o fluxo de caixa de uma dada organização, analise o alinhamento da visão da empresa com os pilares do *cash management* e veja se estão e o quanto estão sendo aplicados. Para aqueles que não estão, defina um plano de ação. Volte a analisar o fluxo de caixa dessa organização e veja se a acurácia melhorou.

4

Sete Pontos Importantes na Gestão do Fluxo de Caixa

"e me parece que o erro mais comumente cometido no tocante aos desejos é o de não distinguirmos suficientemente as coisas que dependem inteiramente de nós daquelas que não dependem de modo algum".

Descartes (1596-1650)

Descartes estava preocupado com o *empowerment* e o poder de se mudar uma organização. Afinal, desde que queira, é possível mudar e integrar elementos de gestão? Desde que a motivação sensibilize o topo da pirâmide, sim. Apoio sempre será necessário, não apenas na implementação mas na gestão do dia a dia da utilização dos mecanismos.

A gestão do fluxo de caixa de uma empresa passa pela estruturação conceitual de elementos que irão afetar a liquidez e mesmo viabilizar o seu adequado gerenciamento. Dessa maneira, os princípios iniciam tal elenco, tendo enorme importância em termos de postura da empresa frente à gestão da liquidez.

A Figura 4.1 ilustra os sete componentes identificados que têm por função estruturar a atividade, a partir da seguinte caracterização:

4.1 OS PRINCÍPIOS GERAIS: A DEFINIÇÃO DA POSTURA DE UMA ORGANIZAÇÃO

Os princípios servem para nortear as questões comportamentais e de postura da organização frente à gestão do fluxo de caixa. Foram escolhidos pela sua relevância frente às necessidades dos profissionais, não representando uma lista que

Figura 4.1 – Elementos do *cash management*

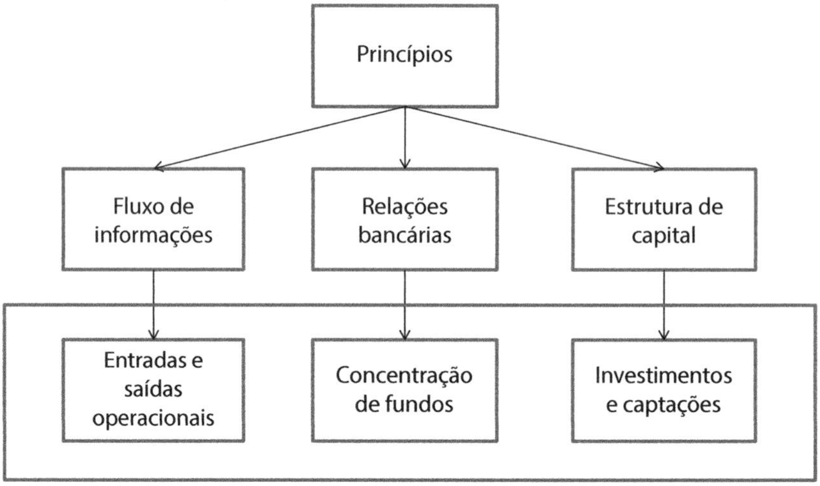

```
                        ┌───────────┐
                        │ Princípios│
                        └─────┬─────┘
            ┌─────────────────┼─────────────────┐
            ▼                 ▼                 ▼
     ┌────────────┐   ┌────────────┐   ┌────────────┐
     │  Fluxo de  │   │  Relações  │   │Estrutura de│
     │informações │   │ bancárias  │   │  capital   │
     └──────┬─────┘   └──────┬─────┘   └──────┬─────┘
            │                │                │
            ▼                ▼                ▼
     ┌────────────┐   ┌────────────┐   ┌──────────────┐
     │  Entradas e│   │Concentração│   │ Investimentos│
     │    saídas  │   │  de fundos │   │  e captações │
     │operacionais│   │            │   │              │
     └────────────┘   └────────────┘   └──────────────┘
```

possa relacionar todos os princípios possíveis, mas sim que indiquem aqueles que, na opinião do autor, sejam os mais relevantes.

Dentro desse critério, os princípios são os seguintes:

4.1.1 Envolvimento dos tomadores de decisão

Significa dizer que todos aqueles que tomam decisões relevantes sobre o fluxo de caixa de uma empresa devem, de alguma forma, ter conhecimento da situação e possibilidades de caixa para o referido período. Em outras palavras, o gestor da verba de comunicação de uma empresa, por exemplo, com poderes para negociar antecipações e pagamentos à vista, tem que ter conhecimento da situação de caixa da empresa para poder tomar uma decisão adequada. Deve ter sensibilidade sobre a taxa de juros que afeta a empresa em função das operações que desenvolve, pelas consequências provocadas sobre a liquidez e o resultado econômico da empresa.

Qualquer profissional que atue na empresa e tome decisões que afetem a liquidez da empresa deve ser chamado a participar, seja envolvido de alguma forma, no estabelecimento de metas de geração de liquidez do período. Seja ele responsável pela venda do produto e decida prazos, taxas de juros e mesmo momento de faturamento a negociar com clientes, ou aquele que tem responsabilidade sobre os suprimentos da empresa, tendo liberdade para fazer compras à vista em momentos de oportunidade comercial, suas participações são essenciais. A forma e a intensidade dessa participação são uma questão de peculiaridade de cada empresa; o importante é que ele deve entender o *status* de liquidez da organização, os efeitos de suas ações sobre o fluxo de caixa/resultados, bem como seus compromissos.

Isso nem sempre é fácil de ser implementado, e, muitas vezes, nem mesmo é desejado pelos executivos, mas certamente existe uma estreita dependência de como a alta administração encara e prioriza a gestão da liquidez da empresa. Em uma organização em que o Presidente seja um persistente questionador do *status* e possibilidades de otimização da liquidez, o tesoureiro terá orgulho de perseguir o maior nível de acurácia possível para o seu fluxo de caixa projetado.

Se a empresa fosse minha, manteria naquela reunião diária da diretoria o fluxo de caixa como um item permanentemente relevante nas discussões.

4.1.2 Análise global das operações da empresa

O mundo do tesoureiro não é apenas aquele que sobra depois que as vendas e compras já ocorreram; ao contrário, dele se espera (?) atuação incisiva a partir dos elementos de formação do capital de giro. É o exemplo do tesoureiro que questiona seus pares pela não venda de um terreno, um ativo não operacional que, uma vez vendido, poderia liberar recursos para tornar a situação de caixa mais confortável, depender menos dos bancos e auferir melhor resultado pela queda dos juros. Significa que a organização busca a liquidez prioritariamente das operações que justificam sua missão. Por outro lado, o instrumento a ser utilizado pelo tesoureiro deve vislumbrar o fluxo de caixa operacional distinto do fluxo de caixa financeiro, que é um mero equalizador do primeiro.

4.1.3 Contato íntimo com o mercado

Marco Aurélio Vianna menciona com frequência que, enquanto nós brasileiros dormimos, mais de um bilhão de chineses estão trabalhando e gerando fatos novos. Ao amanhecer, lendo os jornais, devemos nos perguntar o que está mudando, o que irá afetar os negócios da empresa para a qual trabalhamos e quais as ações mais adequadas para se reposicionar no mundo.

De alguma maneira, o fluxo de informações deve ser gerenciado de maneira disciplinada, pois alterações na tributação, tipos de investimentos ou captações disponíveis podem nos tornar mais ou menos eficientes em termos de geração de riqueza para a empresa.

As oportunidades estão por aí, esperando ser identificadas e exploradas. Ler jornais, falar com as instituições do mercado, comparecer a eventos são ações por demais importantes na gestão da liquidez. Contatos com outras empresas no sentido de manter em evolução a percepção de *benchmarking* também se revelam cada dia mais decisivos sobre a possibilidade de sobrevivência e sucesso da organização.

Alguém já disse que um bom tesoureiro deveria dedicar 30% do seu tempo negociando, 15% controlando as operações e 55% pensando e buscando alternativas para aumento da rentabilidade e diminuição do risco da organização. O aumento do seu conhecimento sobre o mercado e mecanismos é parte importante do sucesso no seu impacto sobre os resultados.

4.1.4 Elemento concorrência

Refere-se mais especificamente ao relacionamento com as instituições financeiras. Numa época em que é adequado, em geral, trabalhar-se com poucas instituições, não se pode perder de vista o lado competitivo a ser preservado, evitando-se dependência exclusiva de uma ou outra organização. No entanto, é fundamental que as instituições definidas como as que a empresa deseja se relacionar sejam aquelas que tenham condições de concorrer entre si por condições de negócio, tanto por disponibilidade de taxa de juros favorecidas, como vanguarda na tecnologia de informações, ou mesmo disponibilidade privilegiada de produtos financeiros.

4.1.5 Expectativas realistas

Tanto em termos de clientes/fornecedores internos como externos, é importante que, além do poder de barganha intrínseco ao relacionamento comercial, as expectativas em termos de compromissos (metas de geração de liquidez, redução de compras, por exemplo) estejam dentro do nível de realidade percebida no momento. Uma empresa, no ambiente econômico atual, com baixo valor médio de faturas, sem outras possibilidades de reciprocidade bancária, terá dificuldade em ter créditos em D0 (utilização no próprio dia do vencimento) sem tarifa... Por outro lado, expectativas realísticas podem significar que certos apertos em termos de redução de gastos, uma vez executados podem levar a organização a ter problemas sérios em alguma área. Isso costuma acontecer, por exemplo, quando a empresa trava seus pedidos de compra em momentos de crise, sem avaliar adequadamente as consequências sobre a falta de produto e geração da receita. Tal problema pode ser claro e fácil de ser percebido ou não. Neste último caso, o que é pior, o dano só será percebido muito mais à frente.

4.1.6 Controle e ações corretivas prontas

Dentro da área financeira como um todo, as ações corretivas devem ser tomadas com grande presteza e rapidez. Em particular, a área de tesouraria, que gerencia os recursos de liquidez, tem que dispor de sistema de informações que permita monitorar o já ocorrido em termos financeiros, quer seja a entrada de cobrança, crédito de juros bancários ou mesmo débitos de despesas bancárias. A reconciliação bancária, por exemplo, tem que ser desenvolvida de maneira eficiente e rápida no sentido de permitir que correções sejam processadas o mais breve possível, evitando perdas. Sendo desenvolvida diariamente, ela irá acompanhar as atividades e permitir proatividade por parte do tesoureiro.

4.1.7 Atribuição de resultados

Quem não gosta de ser reconhecido por uma ação de alto desempenho? Pois é, todos nós. Então, por que isso não é sistematicamente praticado? Afinal, o profissional não é o "ATIVO" mais importante das organizações? Este espaço não é o momento mais adequado para discorrer sobre o tema, que por sinal é envolvente e apaixonante. O importante é que a organização esteja atenta para o lado comportamental, reforçando-o. Desempenhos acima da média devem ser evidenciados e algum tipo de reforço (leia-se reconhecimento/premiação) deve estar disponível. O leque de possibilidades varia de acordo com a filosofia da empresa: do tapinha nas costas ao prêmio monetário tudo faz parte do mesmo contexto de atribuição de resultados.

4.1.8 Ponto de referência e controle

Uma projeção de caixa bem sistematizada é um mecanismo adequado para que a organização tenha percepção de como está a sua liquidez, qual a sua tendência etc. Para tanto, aspectos como horizonte de projeção, metodologia, plano de contas, formato etc., devem ser discutidos e decididos a fim de prover a organização de um sistema adequado para suas necessidades (vide Capítulo 5). O importante é que, ao se falar de geração de caixa, os executivos tenham claro onde vão buscar, analisar e entender as informações: no fluxo de caixa projetado e real. Em outras palavras, lucro é lucro e caixa é caixa...

4.1.9 Visão de curto e longo prazos

Só mais recentemente, o tesoureiro passou a se preocupar com a projeção dos impactos referentes ao fluxo de caixa não ligados apenas ao curto prazo. As desculpas para a não preocupação anterior estavam ligadas a inflação, incerteza, falta de utilidade etc.

Na verdade, algumas empresas passam a se preocupar com o longo prazo com verdadeira ênfase nos momentos em que se deparam com dificuldades de liquidez e necessitam replanejar suas estruturas de recursos de longo prazo (abertura de capital, alongamentos de dívidas etc.). Cada vez mais, essa abordagem será valorizada no tesoureiro e a sua contribuição para o sucesso da organização será crescente nesse sentido. As contribuições, como questão prática em termos de alongamento de captações de recursos, abertura do capital ou recompra de ações, enfim, atividades ligadas ao suporte do negócio que são viabilizadoras dos projetos futuros. Talvez algumas organizações requeiram revisões anuais, enquanto outras devam ter no seu *checklist* fazê-lo semestralmente, por exemplo.

4.1.10 Revisões constantes e sistemáticas

De per si, revisão de um processo gerencial é algo sempre requerido. Não só no Brasil, mas no mundo, as empresas vivem um dos momentos de maior ebulição e mudança desde a descoberta do fogo... Mudam os processos, as tecnologias, os tipos de negócios, a forma de encarar os sistemas de informações no negócio e mudam as pessoas com seus respectivos enfoques e prioridades. A questão consiste em tornar a revisão parte de um processo sistemático, planejado. Dessa maneira, recomendam-se as revisões periódicas e não a situação reativa de mudança quando algo inesperado ocorre dentro da organização. Definir a periodicidade e momento da revisão parece ser um bom começo.

4.2 ESTRUTURA DE CAPITAL COMO VULNERABILIDADE OU ESTABILIZADOR DA LIQUIDEZ

Estrutura de capital, tratada parcialmente no Capítulo 2, é um tema importante na visão de longo prazo das empresas. Na verdade, o seu custo de capital é o composto das fontes de recursos que financiam as operações de curto e longo prazos devidamente ponderado pela estrutura de recursos próprios e de terceiros. A composição de recursos próprios, originários do acionista ou por ele deixado à disposição da empresa (os lucros não distribuídos mas retidos no Patrimônio Líquido). Tais recursos pertencem ao *stakeholder* mais crítico, ou seja, aquele que assume o maior risco de não obter retorno pelo seu investimento: a sua remuneração ocorre em função do potencial de lucros distribuídos e pela valorização verificada com as ações. No que se refere aos lucros distribuídos, eles dependem fundamentalmente do sucesso das operações do período, da comparação entre o custo de oportunidade da empresa contra o seu retorno e da política da empresa em termos de relacionamento com o acionista. No que se refere à valorização das ações no mercado, isso só ocorre quando o mercado tem expectativa de que no futuro o resultado seja positivo e melhor do que o referencial considerado. Por outro lado, os recursos de terceiros representados pelos empréstimos indicar as obrigações que a empresa tem legalmente que saldar quer disponha de recursos gerados ou não. Do ponto de vista legal simplesmente, mais confortável é a situação do banqueiro do que a do acionista em função do risco.

Como o risco e a rentabilidade estão intimamente ligados, a remuneração do capital próprio deveria ser maior do que a do capital de terceiros em função do menor risco; entretanto, ao caminhar pelas evidências empíricas, isso se torna difícil de ser comprovado. Por outro lado, ao comparar custos, deveríamos encontrar recursos de longo prazo, mais caros do que os recursos de curto prazo; entretanto, como os recursos têm diferentes *fundings*, isto não necessariamente se verifica, já que os recursos de longo prazo disponíveis são recursos em moeda estrangeira (relativamente baratos até no sentido internacional) e recursos subsidiados para investimentos em imobilizado fornecidos por órgãos de estímulo ao desenvolvimento. Por outro lado, o *funding* de recursos de curto prazo está mais exposto às imperfeições do mercado, o que implica em alto custo e, o que é pior, a possíveis significativas oscilações.

Os temas estrutura de capital e custo de oportunidade têm sido tratados no campo teórico por estudiosos, tais como Modigliani, Miller, Sharp, Van Horne, Copeland e outros; entretanto, em muitas organizações ele deixa de ter o tratamento adequado ao negócio como um todo. O importante, no caso, é que elas tenham consciência dos seus patamares de custo de oportunidade pela ponderação de suas fontes, o que permite a viabilização de aprovação consciente de seus projetos de investimento e mesmo de ações que permitam troca de *fundings* em momentos de oportunidade.

Do ponto de vista prático, quanto mais sucesso tiver em termos de alongar e buscar recursos de longo prazo, mais tranquila a gestão dos recursos de liquidez e a menor risco financeiro a empresa estará exposta.

4.3 ANÁLISE DAS ENTRADAS E SAÍDAS NÃO FINANCEIRAS

O formato do fluxo de caixa, seja ele para finalidades de tesouraria, elaboração do plano e mesmo projetos de investimentos, deveria seguir o mesmo formato básico, proposto no Capítulo 3:

+ Fluxo operacional

+ Fluxo do acionista

+ Fluxo dos ativos de longo prazo

= Total fluxo não financeiro

+/– Fluxo financeiro

O detalhamento proposto tem os seguintes motivos:

- **Separar naturezas diferentes do fluxo de caixa**

    O fluxo operacional provém das atividades que são definidas pela missão da empresa. Se a empresa tem por finalidade atuar no segmento químico, as entradas das vendas de tais produtos se constituem em entradas do fluxo operacional. Analogamente, os pagamentos referentes aos materiais comprados, à folha de pagamento, à energia elétrica utilizadas na produção dos referidos artigos químicos devem ser considerados como saídas operacionais.

    Distribuição de lucros é uma linha importante na saída de caixa do fluxo dos acionistas. Por sua vez, a entrada por aumento de capital também o é. Devem estar refletidos no fluxo de caixa dos acionistas.

    Vendas de elementos do ativo de longo prazo devem estar refletidas no fluxo de bens de capital. O valor a ser refletido é aquele efetivamente recebido, independentemente do resultado contábil a partir do valor de registro do ativo. Analogamente, as saídas de caixa por compra de equipamentos ou então participação acionária em empresa ligada são exemplos de saídas de caixa denominadas de bens do ativo de longo prazo.

    Ter um fluxo operacional positivo é sinal de saúde empresarial. Ter fluxo operacional constantemente negativo é um alerta, mesmo que a organização esteja vivendo momentos de adolescência empresarial, situação em que as vendas são ainda pequenas embora crescentes e os gastos em geral são significativos.

- **Permitir que decisões sejam tomadas levando em conta diferentes agentes**

    A separação do fluxo permite que se avalie desempenho de diferentes áreas da empresa. Nesse sentido misturar juros com pagamentos de materiais é algo que dificulta o entendimento da ocorrência e mesmo a análise do gestor responsável pela sua implementação. Da mesma forma entender quando um fluxo de caixa é desfavorável não porque deixou de gerar fluxo operacional positivo, mas sim porque os acionistas retiraram parcela do valor em poder da empresa sob a rubrica distribuição de resultados é muito importante. O mesmo pode acontecer quando uma organização constrói uma nova unidade de produção, por exemplo. O fluxo de saída de caixa é intenso e, caso não tenha separado tal informação, decisões incorretas e distorcidas podem ser tomadas. Afinal o fluxo de caixa de uma organização no momento de investimento tende a ser mais difícil de ser gerenciado.

    Por que apenas esses detalhamentos e não outros? A bem da verdade a lista não pretende esgotar as possibilidades, mas sim contemplar elementos que são mais comuns. Nos casos em que a separação do fluxo de *royalties* possa ser importante para o entendimento das operações, por que não separá-los? A ideia é obter a customização, sempre que a relação de custo-benefício justificar.

Do ponto de vista prático, em termos do fluxo de caixa operacional, a empresa sempre deve se preocupar com a sua otimização do seu caixa. Como estratégia, podem-se separar *momentos* em que isso é mais oportuno, gerando benefícios à organização como um todo. Por uma questão de distinção didática, considerando-se que as responsabilidades nas organizações mudam de mãos durante o seu processo de geração de riqueza, bem como existem momentos em que as potencialidades e liberdade de ação são maiores, tais momentos poderiam ser separados em:

- **Momento negociação**

Antecede a obtenção do pedido e a empresa vendedora estabelece contato com a empresa compradora. Questões como prazo, preço, taxa de juros e momento de faturamento são definidas entre as partes e formalizadas por um pedido ou contrato.

- **Momento acompanhamento**

Iniciado após a definição da etapa anterior, se encerra quando o faturamento da empresa, com a consequente entrega do produto (ou término da prestação do serviço).

- **Momento recebimento**

Iniciado com o término da etapa anterior, só se encerra quando a organização recebe o fruto da sua venda (ou prestação de serviços).

Uma vez separados e definidos os momentos, é importante considerar:

- **Momento negociação**

Ocorre quando a empresa negocia a venda de seus produtos ou serviços com os seus clientes. O fechamento do pedido ou contrato define as regras do jogo, tais como prazo de faturamento, período de faturamento, taxa de juros, elementos que irão afetar fortemente o fluxo de caixa futuro. Negociar adequadamente também os elementos que beneficiam a liquidez da empresa é ser proativo frente a objetivo importante para a empresa. Concentração de faturamento no final do mês, taxa de juros inferior ao custo de captação da empresa e prazos descasados são problemas que esse não empenho pode causar. Normalmente, estão envolvidos nesse processo a área comercial da empresa e o cliente. O momento negociação é o mais importante dos três aqui citados. É aquele com maior amplitude e potencial, restringindo os demais. Se o fluxo de caixa não for um instrumento gerencial da empresa, dificilmente tais preocupações serão cobertas.

As ações mais comuns em termos de melhorias na liquidez que deveriam estar na mente do gestor são as seguintes:

- Aumento das vendas à vista, sem compensações pela menor carga de impostos.
- Faturamento a prazo com taxas de juros acima do custo de oportunidade da empresa.
- Concentração do faturamento nos primeiros dias do mês.
- Recebimento de adiantamentos referentes aos faturamentos futuros etc.

- **Momento acompanhamento**

No caso do momento anterior ter sido adequadamente gerenciado, o acompanhamento se torna uma ação com o objetivo de evitar a ineficiência interna. É mais controlável, pois depende da própria empresa. Significa dizer que se a empresa se compromete a faturar e entregar seus produtos dentro do mesmo dia, em isto não acontecendo, prorrogações podem ocorrer, com consequências desfavoráveis em termos de liquidez da organização.

As ações mais comuns em termos de melhorias na liquidez são as seguintes:

- Nos casos de faturamento de produtos contra o estoque existente, o controle do tempo de atendimento de pedidos é vital para o benefício da liquidez. Os tempos de espera podem ser críticos na entrada do pedido, no crédito, na liberação comercial, na separação de produtos, na expedição ou no próprio faturamento.
- Acompanhamento da entrega para evitar.
- Acompanhamento da produção e estoques no sentido de minimizar os tempos de estocagem, ou seja, o *just in time* joga a favor da liquidez etc.

- **Momento cobrança**

Uma vez que se tenha uma data de vencimento de um título, cabe à empresa zelar para que o compromisso seja honrado pelo cliente. Em caso negativo, as ações de cobrança devem ocorrer.

Entre outros, os seguintes elementos fortalecem a entrada de caixa da empresa:

- Postura clara em termos de pontualidade conhecida e praticada junto à clientela.
- Estratégia e passos de negociação para casos de atrasos com consequências comerciais asseguradas.
- Sistemas de informações ágeis e confiáveis etc.

Evidentemente, tudo o que foi colocado em termos de entradas operacionais, momento negociação, momento acompanhamento e momento recebimento, tem sua contrapartida em termos de saídas operacionais: momento negociação, momento acompanhamento e momento pagamento. No que se refere às ações, poderiam ser consideradas:

- **Momento negociação**

Postergar recebimento de produtos ou matérias-primas ou serviços para o momento mais próximo da utilização, o que tem consequências em termos de desembolso; negociar compras a prazo em função do benefício de impostos sobre os juros, desde que esses sejam inferiores ao custo de oportunidade da empresa. Analogamente, obter prorrogações a custos inferiores às taxas de custo de oportunidade da empresa tem efeitos importantes sobre a liquidez. Dependendo da estrutura de custo de capital, pode-se ter um bom negócio para ambas as partes, evitando-se o "ganha/perde".

- **Momento acompanhamento**

Neste caso, basicamente dispor de sistemas de informações que permitam monitorar o que realmente ocorre é fundamental: se as compras de insumos da empresa ocorrem na modalidade 30 dias da data de faturamento, depender apenas do controle "visual" sobre os documentos para checar tal procedimento é uma temeridade. Essa pode ser uma válvula de escape importante, que pode estar drenando o fluxo de caixa da empresa. Um bom sistema integrado faria tal checagem e viabilizaria um adequado controle.

- **Momento pagamento**

Pouco existe em termos de decisão, mas sim em termos de controle sobre o que efetivamente deve ser pago. Basicamente consiste em assegurar que o pagamento é devido e foi autorizado por quem de direito.

4.4 ANÁLISE DAS ENTRADAS E SAÍDAS FINANCEIRAS

As entradas e saídas financeiras são uma consequência do que acontece com o fluxo não financeiro: no caso de sobras de caixa no fluxo não financeiro, temos uma saída (para aplicação em alguma alternativa) para investimento. No caso contrário, ou seja, falta de caixa na linha não financeira, temos uma entrada de caixa para cobri-la (resgate de investimento ou captação de empréstimo).

Do ponto de vista numérico, o fluxo de caixa financeiro corresponde exatamente ao mesmo valor do fluxo de caixa não financeiro, com sinal invertido: sinal positivo no *fluxo não financeiro* indica sobra de caixa que será aplicada no *fluxo financeiro*, apresentando neste último, portanto, sinal negativo. Como se vê, sinal positivo neste caso significa no fluxo entrada e no saldo sobra, enquanto sinal negativo no fluxo significa saída e no saldo falta de caixa.

Nos momentos de alta inflação e custo do dinheiro, e/ou alto grau de endividamento, os tesoureiros se voltam fortemente para essa linha (fluxo financeiro), considerando que pouco poderiam fazer pela linha não financeira; a visão é que ele deva atuar, questionando, orientando e mesmo exigindo ações nas demais também.

Os investimentos no mercado financeiro, ao menos conceitualmente, são aqueles que são aplicados em decorrência de sua ociosidade. Keynes (GITMAN, 2006) considerava que os motivos para tê-los seriam:

- Motivo transação

  Justificado pela necessidade de cumprir compromissos futuros. A empresa pode não necessitar de certo caixa no final do mês; contudo, no início do mês seguinte ela deverá pagar a folha de pagamento, impostos e outros itens. Para tanto, deve ter recursos disponíveis para evitar necessidade de captação. A aplicação no mercado financeiro faz com que tais recursos sejam disponíveis no momento adequado e tem os recursos remunerados pelo tempo.

- Motivo precaução

  Desembolsos inesperados podem ocorrer e com ela a ausência de liquidez. Isso pode ocorrer quando um grande cliente se apresenta como inadimplente atrasando o pagamento de seus títulos, ou então a definição de uma causa judicial que provoca o seu pagamento de uma soma substancial.

- Motivo especulação

  Diz respeito a oportunidade que surge para a empresa. A especulação deveria ser vista como uma alternativa normal dos negócios, dentro das limitações que a ética possa trazer. Entretanto, para estar concretamente alerta às alternativas especulativas, a empresa precisa ter liquidez disponível que, uma vez utilizada, não prejudique as operações normais da organização.

Tais motivos exigem das empresas estratégias de ação para poderem arcar com tais compromissos e diminuição de riscos. Em outras palavras, dispor de liquidez de curto prazo faz parte da estratégia global da empresa para sobreviver e ser competitiva. Dependendo da cultura da empresa, seus antecedentes e mesmo formação, ela vai dosar tais recursos de diversas maneiras, dentro dos seus critérios de adequação. Para tanto, é importante que a organização tenha muita clareza naquilo que deseja em termos de política de investimentos, quais alternativas de operações está disposta a avaliar, quais instituições podem ser consideradas concretamente com finalidade de fechamento de operações. De maneira geral, as seguintes características devem ser avaliadas e dosadas:

- Liquidez no mercado

  Significa que os recursos devem estar aplicados em alternativas que permitam o seu resgate no curto prazo. Também significa que, em caso de crises no mercado financeiro, a alternativa possa ser resgatada no mercado financeiro local. Os fundos de renda fixa em geral, os certificados de depósitos, por exemplo, se constituem em alternativas importantes. Uma discussão relevante no campo interno consiste em definir o que significa curto prazo para a empresa. O importante neste caso é caracterizar tal período a que as várias políticas possam ser desenvolvidas e gerenciadas.

- Segurança

  Em termos práticos representa baixa probabilidade de perda do montante. Um banco de primeira linha com operações nacionais, em tese, representa menor risco de alternativa de investimento do que uma pequena instituição regional. Uma alternativa de fundos que contenha derivativos *versus* outro que só tenha em sua composição títulos públicos prefixados implica em maior risco.

- Rentabilidade

  Liquidez *versus* rentabilidade é o grande e perpétuo desafio das empresas. Otimizar o ativo em termos de retorno sempre se constitui em objetivo dos executivos. Buscar tais oportunidades balanceando os dois fatores anteriores. Evidentemente que maior rentabilidade implica em maior risco, que pode ser tanto qualitativo em termos de qual instituição possa viabilizar como também pelo alongamento dos prazos das operações. O grau adequado de risco que a organização deseja tomar é algo complexo, merecendo uma análise específica.

Normalmente, o que se recomenda é que a empresa aplique a sobra de caixa temporária (aquela que dura uns poucos dias ou semanas) em alternativas que possam atender, principalmente, as duas primeiras características. No que se refere às sobras permanentes, a rentabilidade pode ser enfatizada, buscando alternativa com maior prazo e menos retorno.

Analogamente aos investimentos, os recursos captados no curto prazo devem estar ligados ao capital de giro da empresa. No caso dos empréstimos de curto prazo, devem sustentar as operações de crédito (o contas a receber) e os estoques das organizações. Dependendo dos prazos de financiamento obtidos, podem requerer captação de recursos para poder cumprir com suas obrigações. Conceitualmente, as empresas não deveriam tomar recursos de curto prazo para outras necessidades que não fossem ligadas ao capital de giro, dada a necessidade de pagar tais fundos no curto prazo, o que poderia comprometer a maturidade do investimento. Além disso, a possibilidade de oscilação das taxas de juros podem comprometer o resultado final da operação, numa situação em que o custo de financiamento, inicialmente compatível com o retorno do investimento, torna-se superior a ele. O descasamento entre captações de curto prazo (que devem ser saldadas no curto prazo) e investimentos de longa maturação (que trarão o retorno num prazo mais dilatado do que o curto prazo) podem implicar em estrangulamento financeiro com consequências sobre o fluxo de caixa.

4.5 CONCENTRAÇÃO DE FUNDOS

Trata-se da rotina do gestor da liquidez buscar nos diversos bancos as sobras de caixa e transferi-las para uma única conta ou banco. Com isso, evitam-se sobras e faltas concomitantes de recursos. A concentração de fundos pode ocorrer em termos de contas bancárias ou mesmo em termos de filiais ou empresas de um mesmo grupo.

Quando se trata de *holdings*, é importante entender o conceito de eficiência definido pela organização. Pelo menos dois extremos podem ser percebidos:

1. As filiadas recebem e pagam suas contas e transferem o saldo para a *holding*. A grande vantagem dessa estratégia é a escala de negociação, pois a empresa só vai buscar fora os recursos líquidos das sobras e faltas apuradas no período. Nesse caso, a área financeira da *holding* se fortalece e dela se espera que as diretrizes sejam definidas e cobradas.

2. As filiadas recebem e pagam suas contas e têm liberdade para ir buscar no mercado a melhor alternativa de aplicação de recursos, mesmo que a *holding* naquele dia precise deles. O conceito envolvido é o de melhor oportunidade para cada gestor, o qual é responsável pelo seu resultado. Sendo responsável, busca a melhor alternativa, o que força a *holding* a perseguir nível de eficiência maior. Pode ser uma versão a se implementar no curto prazo, em momentos de transição organizacional e existência de muitos talentos disponíveis nas afiliadas.

Durante a existência de impostos sobre a movimentação financeira, tais transferências entre diversas entidades jurídicas passam por análises mais profundas de custo-benefício e acertos em contas correntes, por exemplo, se tornam mais comuns.

4.6 FLUXO DE INFORMAÇÕES

O fluxo de informações para a gestão de caixa é algo que deve ser planejado pela empresa. Afinal, trata-se de elemento de grande importância qualitativa e de otimização de resultados com diminuição de riscos. Em princípio, deve-se separar o fluxo de informações em interno e externo:

- Interno

  Ligado fundamentalmente à geração e gerenciamento do fluxo de caixa. O grau de automação e integração depende muito das possibilidades, físicas, tecnológicas e mesmo complexidade das operações em termos de dispersão física. O que se sabe é que, quanto mais integrados forem os sistemas, menor a possibilidade de erros e maior a economia de tempo.

- Externo

  Informações variadas, desde cotações de operações, crédito de cobranças, índices etc.

4.7 RELAÇÕES BANCÁRIAS

Relacionamento bancário é algo fundamental na gestão da liquidez de qualquer organização. Afinal de contas o parceiro financeiro viabiliza as transações de captação, investimento e de serviços, de maneira cada vez mais integrada aos sistemas de informações das empresas. Trata-se de um relacionamento muito importante, situação em que temos, de um lado, a instituição financeira como fornecedora de serviços e crédito e do outro as empresas em geral. Nas operações de crédito a instituição analisa a empresa, definindo a partir dos seus critérios de risco, o interesse na concessão de linha de financiamento. Do seu lado, as demais empresas devem também analisar a relação bancária, avaliando o perfil e desempenho da instituição. As metodologias de avaliação podem variar bastante mas, no mínimo, devem conter elementos do seguinte tipo:

- **Quais as necessidades que a empresa tem em termos de serviços?**

Tais necessidades podem ser permanentes ou não. Por exemplo, num dado momento uma empresa precisa de recursos do BNDES. Tal necessidade existe enquanto o projeto estiver aberto e o fluxo de recursos perdurar. Por outro lado, a empresa tem uma necessidade permanente de desenvolver a cobrança bancária. Ambas são igualmente importantes no sentido de definir a rede de instituições com as quais as empresas terão relacionamento e, quanto mais dependentes dos serviços, maiores serão as chances de fortes relacionamentos comerciais entre as partes. O Quadro 4.1 indica a relação parcial de serviços que podem ser atendidos pelas instituições financeiras, bem como a especificação de quais instituições estão autorizadas a prestar tais serviços.

Quadro 4.1 – Necessidades da organização quanto a serviços financeiros

Serviços	Instituições					
	A	B	C	D	E	F
Cobrança	X	X	X	X	X	X
Câmbio					X	X
Recursos de longo prazo			X	X	X	
Operações especiais	X	X				
Rede de agências	X	X	X	X		

- **Quais as instituições disponíveis em termos atendimento das necessidades?**

Não se trata apenas de inventariar as instituições disponíveis no mercado mas, acima de tudo, aquelas que se definem preferencialmente ao setor e/ou perfil em que a empresa se encaixe. Uma vez superada a primeira fase de aderência, uma matriz de necessidades e disponibilidades deve ser formada, analisada e decidida.

- **O que levar em conta no momento de decidir com quais instituições quer ter relacionamento bancário**

Se uma empresa se preocupa seriamente em buscar como fornecedores parceiros certificados, por que, mantidas as devidas proporções, não fazer o mesmo em termos do parceiro financeiro? Evidentemente que o elenco de aspectos a ser considerado é próprio de cada perfil de necessidade. Em linhas gerais, deveriam ser considerados como prioritários no momento de decidir:

- Disponibilidade de leque de serviços amplo

    Evita necessidade de número muito elevado de instituições com as quais a empresa tenha relacionamento, o que significa potencial de negociação, economia de tempo e dinheiro. Na verdade, o que se pretende é que disponha de leque de serviços amplo e que seja realmente competitivo naquilo que faz. Muito embora seja difícil em qualquer área alguém ser o melhor em tudo, é exatamente isso que se busca: ter uma combinação de instituições em que as melhores estejam presentes para ter e manter a competitividade entre elas.

- Agilidade no processo decisório

    Não dá para trabalhar com a instituição que deixa você esperando horas ou mesmo dias para dar uma resposta sobre dada proposta. A menos que você não tenha outra opção.

- Bom suporte de sistema de informações

    Relatórios, extratos são questões que, no dia a dia, podem trazer muitos desgastes para ambas as partes. Sistemas computadorizados *self services* são extremamente importantes para facilitar o relacionamento e diminuir o *stress* entre as partes.

- Instituições com parceiros fortes

    Nesse mundo globalizado, não se pode conformar com o melhor local, mas com o melhor dos melhores. Se isso não se verifica, a empresa que recebe o serviço perde competitividade e passa a ser ameaçada pela concorrência. Nesse sentido, fontes de recursos mais baratos, tecnologia e mesmo tipos de serviços são aspectos importantes para que o relacionamento seja contínuo e saudável. A questão da fonte de recursos mais barata é intuitiva no sentido de reduzir o custo de oportunidade da organização. Contudo, numa situação em que a instituição oferece serviços a custo inferior à concorrência ou mesmo substitui atividades que antes eram desenvolvidas dentro da estrutura do seu cliente, ela também está fazendo com que ela, a empresa que recebe tais serviços, seja mais eficiente e competitiva.

    É importante que a empresa avalie seus parceiros financeiros periodicamente. De tal avaliação, devem constar quesitos que considera importantes para os seus negócios, tais como custos de serviços, agilidade, presteza no fechamento de operações, criatividade etc. Afinal, se as instituições financeiras avaliam seus clientes antes de conceder créditos, por que as empresas suas clientes não deveriam fazer exatamente o mesmo?

- **O que a instituição leva em conta quando quer ter relacionamento com a empresa?**

    Se por um lado a empresa busca no seu parceiro financeiro uma série de características, por outro, a instituição também busca o parceiro ideal. É fundamental que a empresa não apenas entenda tais quesitos mas também se prepare e se autoanalise. Para tanto, ela considera pelo menos os seguintes elementos:

    1. **Desempenho do setor**

        Especialmente no crédito, a setorização dos limites é uma tendência forte em segmentos importantes do mercado. Significa que, embora seja uma excelente empresa, pode ouvir um não de uma instituição financeira, ao pleitear um dado limite de crédito. Nesse caso, a saída é não estar na dependência de um único banco.

2. **Resultados obtidos**

    O mundo vive de resultados passados e, principalmente, futuros. Ser a melhor empresa do ano, ter lucro crescente, comprar o concorrente são aspectos importantes para a análise da relação bancária e fazer a instituição se orgulhar de tê-lo como cliente. O importante é que, cada vez mais, a preocupação em obter projeções futuras dos resultados é observada no mercado. Analogamente, a preocupação em dispor de técnicas que projetem o resultado de caixa tem sido percebida como tendência. Afinal, um bom canal de comunicação explicando o que está acontecendo ajuda muito no relacionamento.

3. **Estrutura de capital**

    Que os bancos querem emprestar dinheiro a quem não precisa, todos sabemos. Seria sempre assim? Claro que não. Dependendo das perspectivas, de como a instituição encara os 5 C's da política de crédito e mesmo da dosagem dos recursos de terceiros, uma estrutura fortemente dependente de terceiros pode ser bem vista. Contudo, a regra geral leva o raciocínio para a frase inicial.

4. **Qualidade da administração**

    Quantos executivos ao assumirem organizações não conseguiram mudar a imagem da empresa no mercado? O carisma vale e realmente funciona. O problema é que se trata de uma questão de julgamento que foge aos critérios a generalizar.

5. **Experiência com a empresa**

    Nada como encontrar um arquivo no computador falando sobre histórico favorável à empresa. Em tempos passados, o depoimento era contado pelo oficial de conta que visitava e tinha relacionamento com a empresa durante longos anos, sendo importante fonte de explicações para alguns tipos de atitudes. O modelo de relacionamento já foi mais pessoal e calcado no relacionamento entre as pessoas.

6. **Conceito no mercado**

    As empresas deixam marcas no seu relacionamento com o mercado. Concordatas mal feitas, crises de sucessão e mesmo perda de megacliente são informações que são disponíveis no mercado, sendo processadas pelas instituições no seu processo decisório e avaliação de risco.

7. **Garantias**

   Aquele que deveria ser o item de fecho do relacionamento, situação de equilíbrio para os outros 4 C's, em muitos casos, é o passo inicial da conversa, tanto por questões ligadas a desconhecimento da empresa, como por falta de criatividade ou mesmo comodismo da instituição.

- **Política de relacionamento**

Relacionamento bancário, como qualquer outra esfera de relacionamento, passa por diferentes fases, desde o mútuo conhecimento inicial, paulatino aprendizado até mesmo a acomodação e fase do *stress* do cliente. Um bom começo implica em clareza do que se espera, grau de transparência possível de ambas as partes, periodicidade da revisão bancária etc. Quando fica claro para a instituição que o seu relacionamento tem data para ser avaliado, digamos a cada seis meses, isso gera nela a expectativa de poder errar e acertar. Por outro lado, dizer a uma instituição com a qual não tem relacionamento que só no próximo semestre será revisada a rede de instituições torna o **não** mais elegante, sem criar situações de beligerância ou desconforto.

- **Relatórios de acompanhamento**

Lucratividade e retorno são aspectos que podem ser tangíveis no relacionamento entre as empresas, desde que os critérios de cálculo estejam claros. Afinal, dizer que um posto de serviços gera prejuízos é algo que incomoda e mesmo irrita o cliente, mas que ele vai entender quando for possível explicar o porquê; isso pode ser feito por meio de relatórios de acompanhamento disponíveis nas instituições. Nessas condições ele, cliente, poderá ser proativo e atuar na melhoria do resultado. Essa é uma área em que muitas instituições não enveredam e isso porque consideram que os problemas a gerenciar são maiores do que os benefícios. Ledo engano. Basta tentar...

Por sua vez, o próprio cliente poderá desenvolver relatórios de acompanhamento das instituições financeiras e avaliar o potencial de ganhos que está gerando para cada organização. A vantagem de se fazer isso fica clara quando ocorrem as negociações por reciprocidades.

4.8 *HEDGING*

Cada vez mais, com a abertura dos mercados, a exposição perante diferentes moedas se faz presente. Ter no seu balanço patrimonial saldo de importações a pagar é algo corriqueiro. Da mesma forma, empréstimos contraídos em moeda estrangeira passam a ser frequentes dentro do dia a dia das organizações. Se por um lado tais operações, são menos custosas e, às vezes, mais eficientes, por outro lado, podem implicar em riscos adicionais na medida em que implicam em estarem sujeitas a oscilações da taxa cambial. Esse risco traz ao tesoureiro a preocupação em termos de proteção. Afinal perdas não operacionais fazem com que a empresa tenha o seu patrimônio afetado desfavoravelmente e isso não é desejável.

A preocupação em buscar veículos que permitam a proteção dos valores que estão expostos a algum risco de oscilação de moeda, preço, taxas de juros e mesmo índices se caracteriza como operação de *hedging*. Uma das formas mais simples de explicá-lo, embora irrite os profissionais mais sofisticados do mercado, é comparar o *hedging* ao seguro: você o faz porque o custo-benefício da operação, no seu julgamento, o permite. A operação de *hedging* não é feita porque gera rentabilidade (embora em alguns casos seja possível o ideal de juntar rentabilidade com proteção), mas sim porque se quer evitar potencial perda. Embora a especulação seja algo possível de se tornar o objetivo da operação, não é essa a recomendação.

É importante definir o ponto de vista da empresa antes de se aprofundar sobre o assunto. Como exemplos, podem-se ter:

- **O ponto de vista da organização multinacional**

    Ela é avaliada a partir de demonstrações financeiras apresentadas em moeda estrangeira, o que significa que tendo ou não caixa disponível ela tem que analisar e decidir sobre fazer ou não operação de *hedging*. O seu investimento em moeda local, ainda que feito sob condições adequadas de remuneração, pode-se revelar inadequado se houver uma maxidesvalorização, por exemplo. Analogamente o mesmo acontece com o seu saldo de contas a receber. Cobertura sobre tais valores é algo avaliado para evitar a apuração de perdas não normais (entendendo-se como normais aquelas verificadas em função da variação cambial não excepcional, ou inesperada).

- **O ponto de vista da organização nacional**

    A empresa nacional também deve analisar e avaliar o *hedging* cambial quando tem operações de importação, empréstimos em moeda estrangeira, por exemplo. Situações de endividamento em que a taxa de juros esteja oscilando para cima podem implicar em troca de riscos por meio de *swaps*, transformando a taxa variável em taxa prefixada, definindo o risco do custo financeiro sobre operações de captação que tenha em aberto. Contudo, as operações mais tradicionais de *hedging* estão ligadas aos ativos do tipo *commodities* (ouro, boi gordo etc.). Nesses casos, a preocupação com a análise de *hedging* se faz necessária pela própria natureza da operação.

Algumas questões práticas importantes dizem respeito ao *hedging*:

- O autor sugere que as organizações se preocupem em analisar a alternativa de *hedging*; isso não significa que devam fazê-lo sempre. Na verdade, o mais importante é que a organização esteja consciente em termos de risco envolvido, quais alternativas, custo e tome uma decisão sobre o tema. Em certos casos, quando se compara o custo de se obter a proteção *versus* as implicações de não fazê-lo, o primeiro se revela tão alto que é melhor correr o risco. No fundo o que se pretende é que *hedging* seja um item do *checklist* do tesoureiro e dele receba uma decisão. O momento vivido na Argentina na primeira metade da década de 90 ilustra perfeitamente essa situação.

- *Hedging* tem hora certa: antes da hora você joga dinheiro fora; depois da hora você paga caro demais.

- O que cobrir em termos de proteção é fundamental; em algumas empresas multinacionais, a distinção de que algumas contas patrimoniais geram *translation loss* é suficiente para que queiram fazer cobertura frente à desvalorização cambial. Por outro lado provisões que jamais implicarão em saídas de caixa geram ganhos de tradução que, matematicamente, podem implicar em redução da parcela exposta do balanço patrimonial. Buscar proteção ignorando tais efeitos consiste em não otimizar recursos escassos, dilapidando o patrimônio do acionista.

- Estabelecer o que é o risco aceito em termos de faixa de variação facilita a gestão do negócio: a preocupação do *hedging* fica confinada à exceção, priorizando os casos. Com isso se evita a paranoia sobre risco. Algumas organizações definem que operando em certos países, o retorno do investimento deve compensar as oscilações de moeda, por exemplo. Como consequência, não se preocupam nunca com esse tipo de risco. Outras organizações, por terem operações significativas em países com grande volatilidade em termos cambiais, sempre estão avaliando e protegendo seus ativos.

No início do capítulo, a citação de Descartes se mostra oportuna no sentido de que, em alguns casos, ao analisar uma situação complexa, perdemos a noção do que podemos ou não desenvolver sozinhos. O planejamento e estruturação de atividades aumenta nossa capacidade de controle e gestão.

4.9 QUESTÕES PARA ANÁLISE E DESAFIO

Questões para análise

- Na sua realidade, o que significa contato íntimo com o mercado?

- Que ações têm sido desenvolvidas para que os tomadores de decisão da empresa sejam envolvidos na gestão do fluxo de caixa diário?
- Cite 3 situações em que a tesouraria pode dispor de recursos obtidos fora do mercado financeiro.
- O que significa para você e sua organização entender o fluxo de caixa com visão de curto e longo prazos?
- O que se pode fazer no sentido de adequar a estrutura de capital de maneira favorável à organização?
- Quais as vantagens de se separar o fluxo de caixa operacional dos demais fluxos?
- Como se poderia priorizar os elementos necessários para o desenvolvimento da relação bancária?
- Que quesitos levaria em conta numa relação bancária? Quais seriam aqueles que eliminariam instituições? Quais seriam aqueles que fortaleceriam os laços?
- O que deveria ser levado em conta numa política de *hedging* na organização?

Desafio

Analise, baseado em uma organização existente, onde existe potencial para aperfeiçoamento dos elementos do *cash management*.

5
O que é Importante Saber na Elaboração? Afinal, Receita de Bolo Também é Importante...

"Muita prosa é bom compadre, mas o pulo do gato vosmecê ainda não contou..."

Conversa entre matutos

Pulo do gato é uma expressão bem brasileira, fruto da cultura cabocla. Evoca uma dimensão de conhecimento detalhado, crítico, fruto da experiência e nem sempre compartilhado.

A montagem do fluxo de caixa projetado implica em que, antes de iniciada, o gestor tenha uma visão geral do que o espera. É importante que perceba os passos requeridos. Nesse sentido, a Figura 5.1 pretende mostrar a própria relação de precedência entre as etapas. Significa dizer que a primeira coisa a ser definida é o enfoque do fluxo de caixa nessa organização. Uma vez definido, podem-se discutir o horizonte, o plano de contas e elaborar a arquitetura do sistema. A partir daí, a metodologia pode ser especificada; as fontes de informações e o formato, definidos.

Depois de percorridos e definidos os elementos acima, o fluxo de caixa projetado estará sendo elaborado. Após a projeção, a análise deve ser desenvolvida. Uma vez satisfeitas as necessidades, a aprovação deve ser obtida, para, posteriormente, o acompanhamento ser processado.

Levando em conta as necessidades de cada um dos elementos mencionados, serão detalhados abaixo e sumarizadas na Figura 5.1:

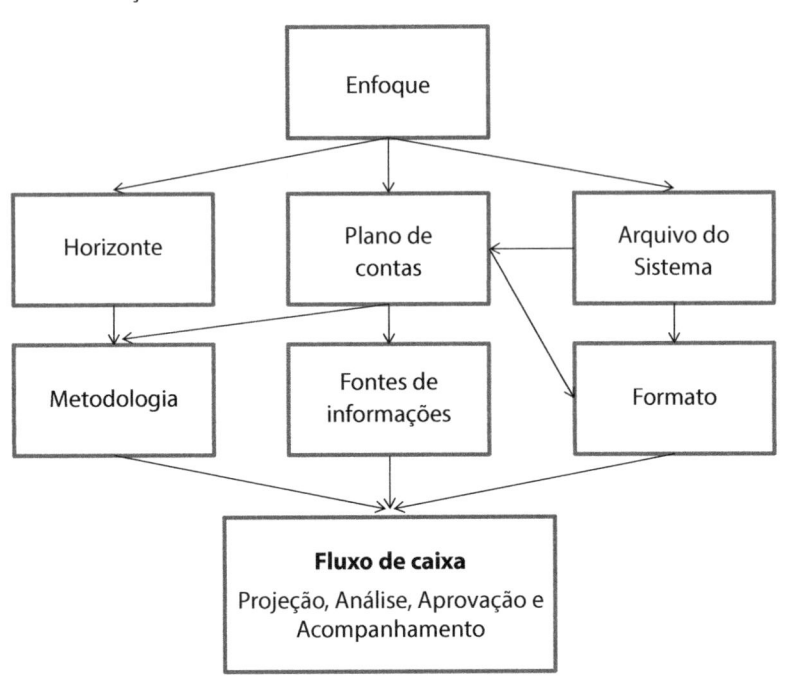

Figura 5.1 – Elaboração do fluxo de caixa

```
                    ┌─────────┐
                    │ Enfoque │
                    └─────────┘
         ┌──────────────┼──────────────┐
         ▼              ▼              ▼
   ┌──────────┐   ┌──────────┐   ┌──────────┐
   │ Horizonte│   │ Plano de │◄──│Arquivo do│
   │          │   │ contas   │   │ Sistema  │
   └──────────┘   └──────────┘   └──────────┘
         │              │              │
         ▼              ▼              ▼
   ┌──────────┐   ┌──────────┐   ┌──────────┐
   │Metodologia│  │ Fontes de│   │ Formato  │
   │          │   │informações│  │          │
   └──────────┘   └──────────┘   └──────────┘
         └──────────────┼──────────────┘
                        ▼
           ┌────────────────────────────┐
           │      Fluxo de caixa        │
           │ Projeção, Análise, Aprovação e │
           │      Acompanhamento        │
           └────────────────────────────┘
```

5.1 ENFOQUE

Afinal, para que serve o fluxo de caixa na organização? Sendo capaz de responder a essa pergunta, definir o enfoque passa a ser uma simples consequência. Afinal, na sua organização o fluxo de caixa é apenas um instrumento tático? Ou será usado estrategicamente? Quem o utiliza? O tesoureiro é o único usuário ou ele é um instrumento da diretoria como um todo? Qual a frequência dessa utilização? Uma forma prática de se resolver essa questão é elencar as respostas que são necessárias e que requeiram o fluxo de caixa.

O importante nessa questão é entender a sua utilidade para o processo de tomada de decisão da empresa. Ele deve trazer benefícios, facilitando, agilizando, suportando o processo decisório. Caso contrário, pode esquecer o instrumento: alguma coisa mais séria está errada na organização...

5.2 PLANO DE CONTAS

Normalmente, esse é um importante motivo para os desvios encontrados nas empresas quando confrontado o fluxo de caixa projetado *versus* o real. Em vários casos pesquisados, o fluxo de caixa da empresa foi montado sem nenhuma preocupação em refletir um adequado plano de contas de suas operações. Em algumas empresas, isso se explica pela predominância de contas como salários e fornecedores que acabam abrangendo parte tão significativa dos valores a pagar pela empresa, que inibem novas rubricas. Alguns tesoureiros argumentam que o fluxo de caixa, por conter inúmeras informações, deixa de ser prático, difícil de ser entendido. Isso pode ser resolvido por meio dos mapas auxiliares (vide modelos nos anexos 1-7), que permitem detalhes quando são necessários e foco na informação global quando delas dependemos.

De maneira geral, quatro tipos de "doenças" podem acometer as empresas na montagem do plano de contas:

1. **O detalhemania**

    Existe conta para todas as atividades nessa empresa. O grupo "Outros" não existe. O grande problema é que tal doença implica em grande perda de tempo na montagem, perda de foco naquilo que realmente é importante. Por outro lado, os executivos preciosistas se sentem satisfeitos com isso...

2. **O detalhefobia**

    O plano de contas do fluxo de caixa só reflete algumas contas importantes, ignorando as demais. Fugindo de regras práticas, já que é muito mais importante ter uma postura que persegue melhoria da adequação do que ter em mente percentual de referência para conta "Outros", torna-se importante pesquisar o que existe nessa conta e entender os valores sazonais e seus comportamentos. A conta "Outros" correspondendo a 50% do total dos pagamentos, por exemplo, dificilmente não estará mascarando itens de grande distorção no resultado.

3. **Confusão na nomenclatura**

    A customização de linguagem é algo importante, principalmente quando se utiliza o instrumento fora da tesouraria. Folha de pagamento e remuneração, por exemplo, podem significar coisas totalmente diferentes, que devem ser conceituadas caso se queira evitar problemas de entendimentos.

4. **Real e previsto na mesma base**

    Por fim, o detalhamento do plano de contas previsto deve ser viável em termos de informação real, já que o acompanhamento não poderia ser feito sem isso. Por mais óbvio que seja, é importante garantir que as informações previstas e reais estejam igualmente disponíveis: existem contas que são fáceis de serem projetadas mas não tão fáceis de se obter as informações reais. Por outro lado, o contrário também é verdadeiro: certas linhas são difíceis de serem projetadas, embora a informação real seja obtida com facilidade.

5.3 ARQUITETURA DO SISTEMA

Tem por objetivo permitir uma visão integral de todos elementos do sistema de projeção. Permite documentar e, como consequência, analisar melhorias no modelo.

Identifica os elementos e os responsáveis pela geração dos dados e por explicar variações. Deve, idealisticamente falando-se, identificar quem gera a informação. Com a arquitetura do sistema podemos enxergar as fontes de informações, a sequência de obtenção das informações, os responsáveis por elas. A Figura 5.2. exemplifica a arquitetura do sistema.

Figura 5.2 – Arquitetura do sistema

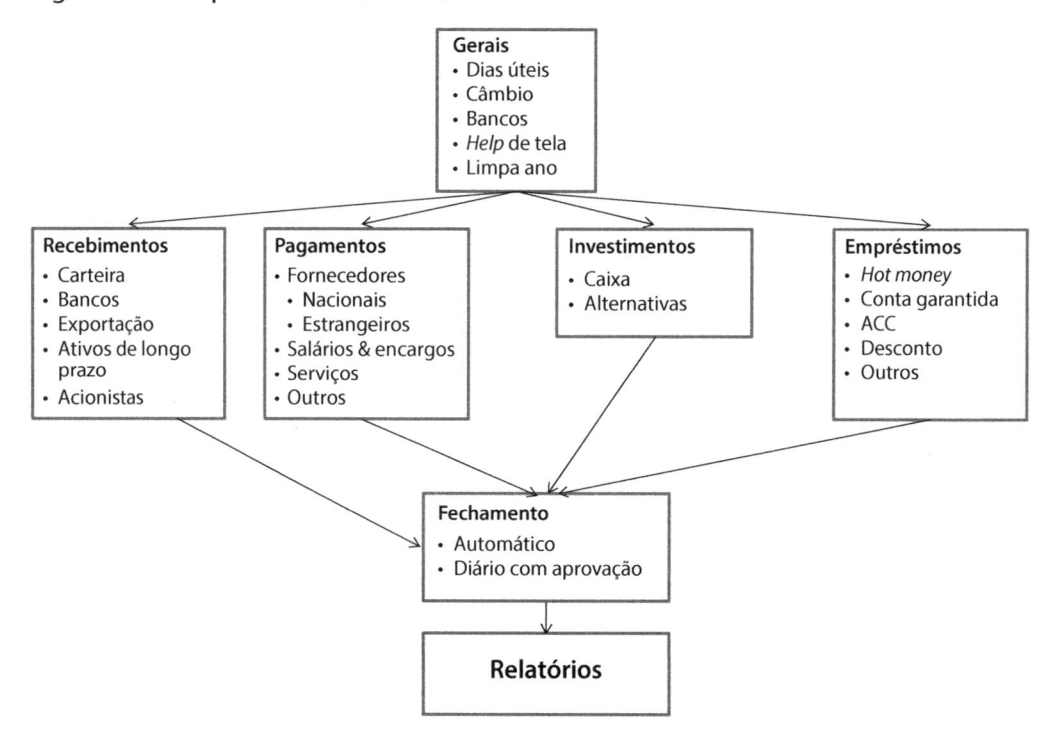

```
                        ┌─────────────────┐
                        │ Gerais          │
                        │ • Dias úteis    │
                        │ • Câmbio        │
                        │ • Bancos        │
                        │ • Help de tela  │
                        │ • Limpa ano     │
                        └─────────────────┘

┌───────────────┐  ┌─────────────────┐  ┌───────────────┐  ┌───────────────┐
│ Recebimentos  │  │ Pagamentos      │  │ Investimentos │  │ Empréstimos   │
│ • Carteira    │  │ • Fornecedores  │  │ • Caixa       │  │ • Hot money   │
│ • Bancos      │  │ • Nacionais     │  │ • Alternativas│  │ • Conta       │
│ • Exportação  │  │ • Estrangeiros  │  │               │  │   garantida   │
│ • Ativos de   │  │ • Salários &    │  │               │  │ • ACC         │
│   longo prazo │  │   encargos      │  │               │  │ • Desconto    │
│ • Acionistas  │  │ • Serviços      │  │               │  │ • Outros      │
│               │  │ • Outros        │  │               │  │               │
└───────────────┘  └─────────────────┘  └───────────────┘  └───────────────┘

                    ┌──────────────────────┐
                    │ Fechamento           │
                    │ • Automático         │
                    │ • Diário com aprovação│
                    └──────────────────────┘

                    ┌──────────────────────┐
                    │ Relatórios           │
                    └──────────────────────┘
```

5.4 HORIZONTE

Discutir horizonte implica na definição do período pelo qual a empresa se preocupa e se mobiliza para obter resultados de caixa. Pode fazê-lo para 30 dias, 90, 360, enfim, o horizonte que trouxer benefício ao processo decisório da empresa. O critério para se definir horizonte não é o critério de "gosto", pelo simples fato de querer tê-lo. O critério correto consiste em usar o horizonte que tenha utilidade em termos de decisão para a empresa. Parece uma resposta muito simples para uma questão prática difícil? Tente pensar no assunto. Imagine uma empresa que tenha captações de recursos do mercado financeiro, com prazo de 60 dias. Outra opção de captação da empresa consiste em fazer empréstimo de curtíssimo prazo, como o *hot money*, e pagar juros mais altos. Faz sentido dispor de um fluxo de caixa mais alongado do que 30 dias no sentido de minimizar custos e otimizar o resultado? Faz. O fluxo de caixa para 60 dias nesse caso será um instrumento que irá auxiliar os executivos no processo decisório sobre a conveniência ou não de operações mais alongadas.

Ligadas à perspectiva do horizonte, surgem as revisões da projeção do fluxo de caixa das empresas. Quanto mais estruturadas forem feitas tais revisões, provavelmente melhor será o nível de acurácia possível à organização. Algumas empresas se utilizam do sistema *rollover*. É aquele que sempre a empresa tem 5 semanas de projeção de fluxo de caixa e, a cada semana que sai do demonstrativo, uma nova entra. Outras empresas elaboram o fluxo de caixa diário para um período de, digamos, 30 dias. Efetua o acompanhamento desse período e ao se aproximar da última semana do período em questão, elabora novo fluxo de caixa. As opções têm vantagens e desvantagens. Na verdade, quanto mais confiáveis forem as informações, melhor o aproveitamento do fluxo de caixa. Se uma empresa tem informações de baixa qualidade no início do mês, por exemplo, mas uma tendência paulatina de melhoria, por que não usar o *rollover*? Cada empresa tem a sua resposta certa nesse sentido.

Muito embora grande parte das empresas projete seu fluxo de caixa diário para período de cerca de 30/45 dias, o autor tem percebido uma grande ansiedade em termos de alongar o prazo de projeção do fluxo de caixa. Sem dúvida, isso é louvável, já que se constitui em preocupação em ter melhores informações para atuar. Entretanto, em muitos casos, isso se mostra inócuo. Na verdade, a regra básica para avaliar a possibilidade de alongamento do horizonte de projeção do fluxo de caixa consiste em responder à seguinte pergunta: o que eu vou fazer com um horizonte mais alongado? A confiabilidade dessa informação é suficientemente boa para que eu possa tomar decisões? Vou economizar, racionalizar ou mesmo tomar alguma decisão de melhoria de resultado a partir disso? Respostas afirmativas indicam necessidade e possibilidade de alongamento do horizonte.

5.5 FONTES DE INFORMAÇÕES

Algumas vezes, definimos de maneira não adequada a fonte de informações para a projeção do fluxo de caixa por uma questão de não dedicação de tempo à observação. Muitas vezes, a fonte que possa parecer mais lógica tem viés mais significativo do que outra que possa parecer menos adequada. É o exemplo da folha de pagamento para projeção do fluxo de caixa dos primeiros 30 dias. Muito provavelmente, a melhor fonte de informações é a área de recursos humanos. Contudo, ao alongarmos o horizonte para 90 dias, por exemplo, pode ocorrer que o departamento mais adequado para suprir a necessidade de informações seja a área de planejamento financeiro. É significativo que tais fontes sejam sistematizadas, ou seja, todos os meses as informações sejam obtidas nas mesmas fontes.

A frequência com que tais informações são atualizadas pode trazer consequências em termos de viabilidade. É o que ocorre quando a empresa precisa de uma atualização diária e isso só é possível, por exemplo, nas entradas. Nesse caso, o bom possível é melhor do que o ótimo teórico...

5.6 METODOLOGIA DE PROJEÇÃO

Intimamente ligada à definição de arquitetura do sistema para que as projeções de caixa sejam feitas de maneira consistente ao longo do tempo: se cada vez que a empresa projeta o fluxo de caixa ele é feito de maneira diferente, fica difícil de acompanhar, isolar efeitos e explicar desempenhos. Normalmente, a metodologia tem grande impacto sobre as projeções e o fluxo de caixa como um todo, o que significa dizer que é importante rever a metodologia atual e avaliar a mais adequada.

De maneira simplificada, as alternativas de metodologia de projeção de fluxo de caixa serão divididas em quatro grupos:

- **Programação**

Essencialmente, é a metodologia que se preocupa em buscar relação de causa e efeito entre duas variáveis que são tratadas. A defasagem temporal entre as ocorrências pode ser o desafio para o analista que efetua a projeção. Pode ser dividida em dois momentos: programação real e programação prevista ou estimada. Programação real é aquela em que o evento que vai provocar o efeito já aconteceu. Um faturamento para o prazo de 30 dias já verificado implica que, decorrido o prazo, espera-se que a cobrança seja recebida. Trata-se de um exemplo de programação real. O aspecto que gera incerteza é o pagamento ou não por parte do cliente. Um serviço que deve ser terminado daqui a 20 dias, após o qual deve haver pagamento por parte do beneficiário do serviço, deve ser estimado também. A relação de causa e efeito também é clara: uma vez terminado o trabalho no futuro, o serviço será pago. Questão adicional é a incerteza que tal serviço realmente seja terminado, além da natural incerteza se o cliente irá pagar. Com certeza sua margem de erro é maior, do que o exemplo anterior, já que o serviço pode atrasar, por exemplo. De qualquer forma, deve ser projetado no fluxo de caixa da organização.

A programação é a metodologia mais eficiente na projeção de valores. É aquela que, desde que bem estruturada em termos de sistemas de informações, atinge os melhores resultados em termos de acurácia.

Exemplo:

Projetar a entrada de cobrança de uma organização que tem as seguintes características:

1. Em termos de vencimentos de receitas geradas:

Descrição – $	Dia 2	Dia 3	Dia 4	Dia 5
Vendas a vista	100	50	0	30
Vendas a prazo	45	23	10	0

No caso acima, as vendas à vista ocorrem nos dias mencionados e as vendas a prazo ocorreram no passado, 30 dias antes.

2. Em termos de prazos de créditos, sabe-se que são creditados **um dia** após o efetivo pagamento pelo cliente, haja vista a negociação com as instituições financeiras que efetuam a cobrança.

3. Em termos de atrasos, parte dos vencimentos deixa de ser paga no prazo. Desse atraso, parte é paga nos dias subsequentes, parte só é paga muito mais à frente e parte nunca vai ser realmente paga.

No caso, deve-se identificar a relação de causa e efeito. Uma vez vendido o produto (**reconhecimento da receita**), acredita-se que será recebido o fruto da venda (**portanto, a cobrança**). Uma vez identificada tal relação, devem ser definidas as defasagens:

- Venda à vista não tem defasagem, sendo recebida na mesma data da geração da receita.
- Venda a prazo tem defasagem do prazo definido. Se houve faturamento de $ 45 no dia 2 do mês de dezembro, tal valor será devido no dia 2 de janeiro.
- O nível de incerteza em termos de recebimento é um fato da natureza dentro do universo dos negócios, sendo afetado à medida que a empresa reage em termos de maior ou menor flexibilidade no momento da concessão do crédito. Quando é possível analisar isoladamente a composição dos clientes e estabelecer o percentual esperado de inadimplência, as chances de diminuir a margem de erro aumentam; contudo, nem sempre isso ocorre e o percentual histórico pode ser utilizado como referencial de projeção.

- As práticas são variadas ao estimar os valores de cobrança. Em algumas empresas, nos casos de pequenos valores em atrasos, estes deixam de ser estimados e entram no cômputo geral com um *plus* frente ao que se espera. Evidentemente que isso não pode acontecer numa empresa em que o nível de atrasos seja significativo. Ao contrário, neste último caso é importante dispor até de acompanhamento da recuperação de atrasos por época do mês e mesmo por idade de atrasos. No exercício em questão, o valor não pago na data é recebido integralmente nos dois próximos dias, em partes iguais.

Face ao que foi mencionado, a expectativa de entrada de cobrança seria a seguinte:

Descrição – $	Dia 2	Dia 3	Dia 4	Dia 5
Vendas à vista	100	50	0	30
Vendas a prazo – 30 dias		43	22	10
Recuperação de valores vencidos			1	1
Total	100	93	23	41

(*) > 05, arredonda para cima.

Como pode ser percebido, a venda a prazo sofreu defasagem e redução de valores *versus* o quadro anterior, em função da expectativa de parcela não recebida na data de vencimento.

- **Métodos estatísticos**

Embora seja importante que a empresa tente, ao máximo, projetar seus itens de plano de contas utilizando a abordagem de programação, sabidamente existem limites e uma série de contas não serão projetadas dessa maneira por falta de informações ou mesmo por adequação. Uma alternativa que se mostra eficiente é aquela que busca os recursos estatísticos para obter informações de projeção. Leva em conta que mediante dados históricos o futuro é projetado. Isso é sempre válido, desde que o futuro seja semelhante ao passado. Podem ser utilizados os vários tipos de médias, regressões, mínimos-quadrados etc. O importante é que tentativas e avaliações sejam feitas.

Exemplo:

Projetar reembolsos de quilometragem com base nos históricos passados:

Semana	Valor dos pedidos entrados	Reembolso de quilometragem a pagar
1	10000	
2	30000	130
3	25000	160
4	34000	180
5		????

A média será de R$ 172,5, com desvio-padrão de R$ 37,7 e índice de relatividade de 21,9% (37,7/172,5). Embora o valor do desvio-padrão seja uma informação importante no sentido de entendermos a dispersão dos dados e os riscos a ele relacionados, o índice de relatividade é muito importante para se entender a qualidade da informação. Ao desenvolver a regressão, o valor obtido para o **período 5 foi 220**. No caso, o índice é alto, o que deixa de apresentar conforto para o analista. Entretanto, 21,9% é melhor em termos de confiança do que 50%, por exemplo.

Ainda falando de metodologia estatística, podem-se utilizar os mínimos quadrados como metodologia de projeção, no sentido de relacionamento entre variáveis. Significa dizer que o mesmo problema poderia ter solução diferente para a projeção: Projetar gastos com reembolso de quilometragem relacionando-os com entradas de pedidos da semana imediatamente anterior:

Semana	Valor dos pedidos entrados	Reembolso de quilometragem a pagar
1	10000	
2	30000	130
3	25000	160
4	34000	180
5	33500	220
6		????

O valor projetado para o nível de entrada de pedidos de R$ 33.500 corresponde a pagamentos de R$ 209,8 referentes a reembolsos de quilometragem para o **período 6**. Sabe-se também que o nível de correlação entre as duas variáveis (valor dos pedidos entrados da semana anterior e reembolso de quilometragem a pagar) é da ordem de 84,3%, o que é alto e importante, trazendo conforto estatístico.

Como se percebe, a segunda abordagem é relativamente melhor do que a primeira, embora a adequação de uma metodologia ou de outra dependa de experiências e testes.

- **Distribuição**

Trata-se de um caso particular da abordagem estatística. Sempre pode ser utilizada quando é possível projetar dado valor pelo total de um certo período e o desafio é a projeção diária, por exemplo. A ideia é usar percentuais ou números-índices para poder equalizar os valores em bases diárias.

Exemplo:

Uma vez projetado o valor do reembolso de quilometragem, como calcular os valores diários da semana?

No exemplo acima, o total da semana foi de R$ 209,8. Sabe-se que o histórico semanal tem correspondido a:

Semana – em %	Seg.	Ter.	Qua.	Qui.	Sex.	Total
1	20	10	5	10	55	100
2	23	8	2	9	58	100
3	26	12	11	3	48	100
4	18	10	8	15	49	100
Média	21.8	10	6.5	9.3	52.5	
Desvio-padrão	3.5	1.6	3.9	4.9	4.8	
Índice de relatividade – em %	16.0	16.3	59.6	53.0	9.1	

Na tabela anterior, percebe-se:

- Que a sexta-feira é o dia mais importante em termos de magnitude de projeção (seguido pela segunda-feira), já que mais da metade dos pagamentos da semana ali se concentram. Por outro lado, é um dos dias de menor confiabilidade (alto desvio-padrão e baixo índice de relatividade).

- Que o dia mais confiável do ponto de vista estatístico é a terça-feira, um dia não tão importante em termos de magnitude de valores pagos.
- O dia menos relevante em termos de valores da semana é a quarta-feira; adicionalmente percebe-se que o desvio-padrão é alto, ou seja, proporciona menor confiança estatisticamente falando.
- Como consequência dos comentários anteriores, o esforço maior em termos de melhoria da qualidade da informação será concentrado na sexta e segunda-feira.

A partir da percepção dos diferentes percentuais, aplica-se sobre o valor total da projeção (no caso, R$ 209,8) para se obter os valores diários. Como consequência da análise do desvio-padrão, a empresa poderá assumir que quer correr maiores riscos de alongamentos ao considerar a projeção da sexta-feira e da segunda-feira. Ela também irá concluir que a quarta e quinta-feira são dias em que se deve esperar maiores variações frente ao esperado.

- **Sensibilidade**

Deveria complementar a análise e não ser o seu início. A partir dela, são identificados períodos mais propícios para recebimento, atrasos, recuperações etc. Evidentemente, a sensibilidade só é realmente útil quando for possível fortalecê-la a partir de dados históricos e retroalimentação. O que se observa em algumas empresas é que a sensibilidade não está ligada à real constatação numérica mas de simples percepção daquilo que o gestor crê que esteja acontecendo ("eu acho que acontece assim", "pode ser que seja assim" etc.).

Exemplo:

Ao estimar valor de não recebimento, o julgamento foi utilizado na análise.

5.7 FORMATO DO FLUXO DE CAIXA

Trata-se de um tema considerado de terceiro nível nas empresas quando o fluxo de caixa diário não é visto como um instrumento gerencial da organização: quem o faz é a mesma pessoa que o analisa, controla e se autoavalia, não expondo o instrumento para outrem. Por outro lado, ao tratar o fluxo de caixa como um instrumento gerencial da empresa, o formato passa a ter maior importância em função de se ampliar o leque de usuários do sistema. A questão do formato do fluxo de caixa sofre alguns tipos de pressões, que são as seguintes:

- Horizonte

    Quanto mais se amplia o horizonte de projeção do fluxo de caixa, menos detalhadas devem ser as informações. O inverso também é verdadeiro.

- Tipo de necessidade a atender

    Dependendo de que tipos de respostas que o fluxo de caixa deve permitir, a sua formatação se torna diferente.

- Critério da matriz

    Algumas empresas multinacionais definem formatos de controle para o fluxo de caixa. Tais formatos permitem alguns tipos de análises do ponto de vista de quem está fora e enfoca certos aspectos. Em alguns casos, a afiliada acaba usando o mesmo formato para projeção interna. Percebem-se alguns tipos de distorções ocasionadas por tal tipo de procedimento.

- Complexidade e estrutura

    Quanto maior for a complexidade do negócio em si, mais complexo fica demonstrar o fluxo de caixa dessa instituição.

- "Preferência ..."

    Alguém define que quer um certo formato e não se dá ao trabalho de explicar o porquê. Ainda existem empresas com executivos assim...

O importante em termos de formato, pensando que a empresa cada vez mais requer postura de cliente-fornecedor interno, é que os seguintes aspectos sejam atingidos:

- Funcionalidade

    Entende-se por funcionalidade a capacidade de ter um instrumento que seja entendido e utilizado de maneira simples e fácil. Quanto mais as respostas às perguntas estiverem disponíveis nos relatórios, mais funcional será a sua utilização.

- Exequibilidade

    Certos trabalhos são simples de serem concebidos e impossíveis de serem elaborados por dimensões temporais, questões referentes a sistemas de informações, grau de preparação das pessoas etc.

- Clareza quanto aos objetivos

    Para que se faz o relatório? Esta é uma questão que deve sempre estar na cabeça do tesoureiro para que possa realmente atingir os objetivos da organização.

- Custo de obtenção

    Custo-benefício é sempre chave nas empresas. Não dá para gastar mais do que o benefício gerado pelo instrumento, tanto no global como no detalhe da organização.

Em termos de formato, uma questão que facilita o entendimento do fluxo de caixa da organização é o fato de se separar o fluxo de caixa de per si dos quadros auxiliares que o compõem e detalham as informações. Nesse sentido, é importante entender que só é possível entender e gerenciar o fluxo de caixa de uma empresa se dispusermos:

- Do fluxo de caixa propriamente dito
- Dos saldos ligados ao fluxo financeiro

Numa linguagem mais pragmática, como projetar a necessidade de caixa de um certo dia se não se sabe quais os valores referentes aos empréstimos que devem ser pagos nesse mesmo dia? Ou então, como chegar à mesma necessidade de caixa se não se sabe qual o saldo de investimentos disponíveis para resgate no mesmo dia?

Uma questão sempre presente nas palestras e seminários é o formato que se deve considerar para a apresentação do fluxo de caixa. Na verdade é difícil que exista um único formato que possa atender a qualquer tipo de empresa. Isso na verdade nem deveria ser perseguido face às desigualdades e peculiaridades das empresas; entretanto, um formato "genérico" que possa ao menos identificar o que cada formato deveria ter é possível vislumbrar.

5.8 EXEMPLIFICAÇÃO DO FLUXO DE CAIXA

Os Anexos 1, 2, 3, 4, 5, 6 e 7 se predispõem a apresentar os conteúdos necessários. Os formatos aqui relacionados foram elaborados de maneira bastante simplificada, sendo requerida a adaptação à necessidade real do dia a dia da organização:

- **Calendário do horizonte de projeção**

O primeiro passo na montagem do fluxo de caixa, desde que toda a sistemática esteja definida e implementada, é a definição do período que o fluxo de caixa vai abranger. Em outras palavras, significa dizer que está sendo elaborado o fluxo de caixa para uma semana do mês de maio, calendário gregoriano, por exemplo.

- **Entradas operacionais – vencimentos para o período – Anexo 1**

Nem sempre as informações que permitem avaliar e identificar o potencial de entrada de caixa estão prontas e disponíveis para serem usadas pelo analista. Normalmente, é necessário que certas montagens sejam feitas, a partir do esforço econômico de geração da receita. No anexo em questão, a partir do faturamento já verificado, ou a verificar, foi estruturado o total de valores que estejam vencendo nas datas definidas para o fluxo de caixa. No exemplo do Anexo 1, o período a ser projetado é de apenas uma semana.

Por uma questão de sinergia com os controles normais da empresa, é importante que as fontes de cobrança sejam mantidas; senão vejamos: cobranças que se encontram em carteira na empresa, cobranças que estejam no banco "A", no banco "B", e assim por diante. Tal formato de controle permite não só a projeção, mas também o seu acompanhamento posterior por parte da empresa, avaliando o desempenho.

No que se refere à metodologia de projeção, cada item (entendendo-se carteira, banco "A", banco "B" etc.) pode ter suas informações geradas por programação ou método estatístico.

Uma vez preenchido todo o Anexo 1, o analista dispõe dos valores referentes a vencimentos diários para o período.

ANEXO 1 – VENCIMENTOS DE COBRANÇA PARA O PERÍODO

EM R$	SEX. 21	SEG. 24	TER. 25	QUA. 26	QUI. 27	SEX. 28
1. CARTEIRA						
PROG						
A PRAZO, CORRENTE						
A PRAZO, VENCIDO						
VENDA À VISTA						
JUROS POR ATRASO						
SERVIÇOS						
ESTATÍSTICA						
A PRAZO VENCIDO						
JUROS POR ATRASO						
TOTAL						
2. BANCO "A"						
PROG						
A PRAZO, COR.						
A PRAZO VENCIDO						
SERVIÇOS						

ESTATÍSTICA						
A PRAZO VENCIDO						
JUROS POR ATRASO						
TOTAL						

3. BANCO "B"
   PROG

A PRAZO, COR.						
A PRAZO VENCIDO						
SERVIÇOS						
ESTATÍSTICA						
A PRAZO VENCIDO						
JUROS POR ATRASO						
TOTAL						

4. TOTAL COBRANÇA
   PROG

A PRAZO, COR.						
A PRAZO VENCIDO						
VENDA À VISTA						
JUROS POR ATRASO						
SERVIÇOS						
ESTATÍSTICA						
A PRAZO VENCIDO						
JUROS POR ATRASO						
TOTAL						

- **Entradas operacionais** – entradas de caixa previstas para o período – **Anexo 2**

Uma vez conhecido o potencial de vencimentos, é importante saber qual a defasagem entre vencimento e recebimento efetivo. No caso da cobrança em carteira, ela é recebida imediatamente. No caso da cobrança bancária, pode ser efetivamente recebida, por exemplo, um dia após o pagamento pelo cliente (D1). Isso deve ser refletido no fluxo. Por outro lado, a expectativa de não recebimento de valores deve também ser integrada à projeção, diferenciando os vários bancos ou carteiras por banco (carteira pontual, carteira incerta etc.).

ANEXO 2 – ENTRADAS DE CAIXA PREVISTAS PARA O PERÍODO

EM R$	SEG. 24	TER. 25	QUA. 26	QUI. 27	SEX. 28
TOTAL DE VENCIMENTOS					
1. CARTEIRA					
2. BANCO "A"					
3. BANCO "B"					
4. TOTAL VENCIMENTOS					
DIAS DE DEFASAGEM					
1. CARTEIRA					
2. BANCO "A"					
3. BANCO "B"					
% DE RECEBIMENTO					
1. CARTEIRA					
2. BANCO "A"					
3. BANCO "B"					
ENTRADAS DE CAIXA					
1. CARTEIRA					
2. BANCO "A"					
3. BANCO "B"					
4. TOTAL ENTRADAS					

- **Saídas operacionais – pagamentos para o período – Anexos 3 e 4**

Depois que a lição de casa referente ao plano de contas foi feita, basta detalhar a partir da relevância. Separações em fornecedores locais e do exterior fazem sentido, pois as diferenças de moedas e forma de pagamento tornam possíveis negociações para postergar desembolsos totalmente diferentes. Por outro lado, diferenciar fornecedores locais com prazo daqueles que só entregam seus produtos ou serviços à vista também se caracteriza por informação importante na medida em que permite ação em termos de confirmação futura ou não de compromisso. Em todos esses casos, a metodologia de projeção pode ser diferenciada: em certas situações, temos necessidade de projetar o fluxo de caixa por um período largo e só temos informações reais até um certo momento. A complementação de tais informações pode ser a diferença entre a confiabilidade ou não do instrumento. Isso pode ser feito considerando-se como metodologia a programação real durante um certo período; como sequência, pode ser utilizada na projeção a metodologia programação estimada e, finalmente, complementada com constante ou média de valores pagos anteriormente.

Salários, encargos e outros itens referentes às pessoas são normalmente projetados a partir da metodologia de programação (causa: o funcionário está ou estará na empresa, logo, a empresa tem salário e encargos a pagar).

Analogamente no que se refere a impostos e taxas, programação normalmente é a melhor alternativa de projeção.

A lista de "Outros pagamentos" corresponde aos elementos que foram extraídos da conta outros. Pode ser uma lista extensa, que deve incluir desde gastos com serviços públicos, serviços de terceiros etc.

O Anexo 4 contém pagamentos a efetuar para fluxo do ativo de longo prazo e do acionista.

ANEXO 3 – PAGAMENTOS

EM R$	SEG. 24	TER. 25	QUA. 26	QUI. 27	SEX. 28
1. FORNECEDORES LOCAIS					
PROGRAMAÇÃO					
CONSTANTE					
MÉDIA					
TOTAL					
2. FORNECEDORES – IMPORTAÇÃO					
PROGRAMAÇÃO					
CONSTANTE					
MÉDIA					
TOTAL					
3. SALÁRIOS, ENCARGOS & BENEFÍCIOS					
SALÁRIOS					
INSS					
FGTS					
IR FONTE					
OUTROS					
TOTAL					
4. IMPOSTOS & TAXAS					
IPI					
IRPJ e CS					
ICMS					
PIS					
OUTROS					
TOTAL					

ANEXO 4 – PAGAMENTOS

EM R$	SEG. 24	TER. 25	QUA. 26	QUI. 27	SEX. 28
5. OUTROS					
GASTOS C/ COMUNICAÇÃO					
FRETES					
COMISSÕES					
ENERGIA ELÉTRICA					
ÁGUA E SANEAMENTO					
OUTROS					
TOTAL					
TOTAL GERAL					
PGTOS. OPER.					
6. ATIVOS DE LONGO PRAZO					
CONSTRUÇÕES					
MÁQ. & EQUIPAMENTOS					
VEÍCULOS					
INFORMÁTICA					
MÓVEIS					
OUTROS					
TOTAL					
7. DISTRIBUIÇÃO DO LUCRO					

- **Projeção do fluxo de caixa – Anexo 5**

O fluxo de caixa propriamente dito aparece no Anexo 5. Indica todos os fluxos totalizados. O total das entradas do fluxo operacional coincide com o total do Anexo 2. O total das saídas operacionais é igual ao total de saídas operacionais coletadas no Anexo 4.

Uma vez somados os fluxos operacional, dos ativos de longo prazo e acionista, obtemos o total não financeiro. O total do fluxo financeiro corresponde ao mesmo valor em módulo, somente com o sinal invertido, como se pode observar no exemplo abaixo:

	Seg. 24	Ter. 25	Qua. 26
Fluxo operacional			
+ Cobranças	100	120	110
− Pagamentos	30	150	200
= Fluxo operacional	70	− 30	− 90
Fluxo dos ativos de longo prazo			
+ Entradas	0	0	20
− Saídas	15	0	0
= Fluxo dos ativos de longo prazo	-15	0	20
Fluxo dos acionistas			
+ Entradas	0	0	0
− Saídas	0	20	0
= Fluxo dos acionistas	0	-20	0
Fluxo não financeiro	55	-50	− 70
Fluxo financeiro			
+ Entradas		50	70
− Saídas	− 55		
Fluxo financeiro	− 55	50	70

Analisando o fluxo de caixa, percebe-se que:

1.1 No dia 24, a disponibilidade de caixa foi ocasionada pelo fluxo operacional (baixo volume de pagamentos). O fluxo dos ativos de longo prazo teve impacto pelo pagamento de materiais da construção da nova fábrica. A sobra de caixa de R$ 55 foi utilizada como investimento temporário (vide Anexo 7). Como se percebe, o total do **fluxo não financeiro** coincide com o total **financeiro** em módulo. Isso porque, em casos de sobra de caixa, o recurso será investido (sinal negativo no fluxo financeiro, indicando saída de caixa). Em casos de falta, resgates ou captações serão feitas (sinal positivo de entrada no caixa).

1.2 No dia 25, o fluxo de caixa operacional foi negativo por causa do aumento dos pagamentos. Complementarmente, houve distribuição de lucro aos acionistas, o que aumentou o déficit de caixa do dia, que foi coberto com o resgate do investimento feito no dia anterior.

1.3 No dia 26, o fluxo de caixa operacional foi novamente negativo, principalmente porque os pagamentos aumentaram. A sobra de investimentos foi resgatada (R$ 5) e o déficit de caixa foi coberto com captação de recursos no mercado financeiro (R$ 65). Antes de captar recursos, o analista avaliou alternativas, as quais não foram possíveis de serem realizadas:

    Buscar antecipações junto a cliente

    Atraso no pagamento de fornecedores

    Atraso no pagamento da folha de pagamento

ANEXO 5 – PROJEÇÃO DO FLUXO DE CAIXA

EM R$	SEG.	TER.	QUA.	QUI.	SEX.
	24	25	26	27	28
1. FLUXO OPERACIONAL					
COBRANÇA					
PAGAMENTOS					
TOTAL FO					
2. FLUXO DOS ATIVOS A LONGO PRAZO					
RECEBIMENTO					
PAGAMENTOS					
TOTAL FP					
3. FLUXO DOS ACIONISTAS					
CAPITAL INVESTIDO					
DISTRIBUIÇÃO DO LUCRO					
TOTAL ACIONISTA					
TOTAL NÃO FIN.					
4. FLUXO FINANCEIRO					
INVESTIMENTO FEITO					
INVESTIMENTO RESGATADO					
EMPRÉSTIMO CAPTADO					
EMPRÉSTIMO PAGO					
JUROS RECEBIDOS					
JUROS PAGOS					
TOTAL FF					

- **Movimentação financeira – Empréstimos – Anexo 6**

A movimentação de empréstimos é muito importante para que se possa entender a real situação de caixa da empresa. Os tipos de empréstimos possíveis de serem considerados pela empresa devem ser relacionados, numa forma de movimentação de saldos, conforme sequência do exemplo numérico:

	Seg. 24	Ter. 25	Qua. 26
Saldo inicial do *hot money*	0	0	0
+ Novas captações	0	0	65
+ Juros	0	0	0
− Pagamentos do montante	0	0	0
= Saldo final do *hot money*	0	0	65

(*) Por simplificação, juros inferiores a R$ 0,5 foram arredondados para baixo.

ANEXO 6 – MOVIMENTAÇÃO FINANCEIRA – EMPRÉSTIMOS

EM R$	SEG. 24	TER. 25	QUA. 26	QUI. 27	SEX. 28
HOT MONEY					
SALDO INICIAL					
CAPTAÇÕES					
JUROS					
PGTOS.					
SALDO FINAL					
CAPITAL DE GIRO					
SALDO INICIAL					
CAPTAÇÕES					
JUROS					
PGTOS.					
SALDO FINAL					
TOTAL EMPRÉSTIMOS					
SALDO INICIAL					
CAPTAÇÕES					
JUROS					
PGTOS.					
SALDO FINAL					

- **Movimentação financeira – Investimentos – Anexo 7**

A analogia à movimentação de empréstimos se faz presente no caso da movimentação dos investimentos de curto prazo. Se não fosse assim, não seria possível analisar e identificar qual a necessidade de recursos realmente requeridos no momento em que a empresa fecha sua posição de caixa. Na sequência do exemplo apresentado, temos:

	Seg. 24	Ter. 25	Qua. 26
Saldo inicial de fundos de liquidez imediata	0	55	5
+ Novas aplicações	55	0	0
+ Juros	0	0	0
– Resgates	0	50	5
= Saldo final do fundo de liquidez imediata	55	5	0

(*) Por simplificação, juros inferiores a R$ 0,5 foram arredondados para baixo.

ANEXO 7 – MOVIMENTAÇÃO FINANCEIRA – INVESTIMENTOS

EM R$	SEG.	TER.	QUA.	QUI.	SEX.
	24	25	26	27	28

FUNDO DE INVESTIMENTO COM LIQUIDEZ DIÁRIA

	SEG.	TER.	QUA.	QUI.	SEX.
SALDO INICIAL					
APLICAÇÕES					
JUROS					
RESGATE					
SALDO FINAL					

FUNDO DE INVESTIMENTO CARÊNCIA MENSAL

	SEG.	TER.	QUA.	QUI.	SEX.
SALDO INICIAL					
APLICAÇÕES					
JUROS					
RESGATE					
SALDO FINAL					

CDB PÓS

	SEG.	TER.	QUA.	QUI.	SEX.
SALDO INICIAL					
APLICAÇÕES					
JUROS					
RESGATE					
SALDO FINAL					

TOTAL INVESTIMENTOS

	SEG.	TER.	QUA.	QUI.	SEX.
SALDO INICIAL					
APLICAÇÕES					
JUROS					
RESGATE					
SALDO FINAL					

5.9 MOEDA DE DECISÃO A CONSIDERAR

Deixando de ser um país que conviveu muitos anos com altos patamares de inflação, falar sobre diferentes moedas parece ser conversa antiga; contudo, a própria necessidade de comparações de fluxo de caixa de um ano contra outro ou de um Natal contra outro faz com que as célebres figuras da moeda nominal e moeda ajustada sejam requeridas. Nesse sentido, a grande questão inicial é a definição da moeda de decisão da empresa. A moeda de decisão indica em que moeda será feita a análise para a tomada de decisão pela empresa. Em tempos de alta inflação (1, 3, 10% ao mês, por exemplo), comparar o fluxo de caixa do início do mês com valores do final do mesmo mês, por si só, já gerava distorções. Para evitá-las, a utilização do fluxo de caixa apresentado em moeda forte foi uma prática muito comum nas empresas. Por outro lado, nas empresas multinacionais, principalmente as americanas, a tradução de balanços faz com que valores em moeda local pouco tenham a ver com a avaliação externa nos momentos em que a variação cambial se acentua. Outras alternativas de se atrelar os valores do fluxo de caixa seriam a moeda interna e índices oficiais. A ideia consiste em projetar o fluxo de caixa normalmente pela moeda nominal (reais) e, posteriormente, em função da disponibilidade da moeda de decisão (diária, semanal, mensal?), traduzir o fluxo de caixa para tal moeda estabilizada.

O pulo do gato é uma metáfora interessante para quem tem sete vidas. É algo que se espera que vá acontecer, que vai preservar a vida e que é esperado o sucesso. É quase algo que não tem chance de dar errado. Bom, com o fluxo de caixa não chega a tanto, mas o pulo do gato ajuda a gestão.

5.10 QUESTÕES PARA ANÁLISE E DESAFIO

Questões para análise

- Por onde você começaria a estruturar seu sistema de fluxo de caixa diário?
- Para quem o enfoque de utilização do fluxo de caixa diário é importante?
- O que seria levado em conta para definir o plano de contas do fluxo de caixa de sua organização?
- Qual seria o quesito mais importante na decisão de definir o horizonte de projeção e acompanhamento do fluxo de caixa diário?
- Quando a metodologia de projeção de valores do plano de contas do fluxo de caixa diário afeta o seu desempenho?
- Qual a moeda de decisão de sua empresa?

Desafio

Projete despesas com viagens de vendedores de duas diferentes formas para um mês a partir de informações reais. Qual perspectiva é mais adequada para o fluxo de caixa?

5.11 EXERCÍCIOS

Os exercícios abaixo têm por objetivo exemplificar e operacionalizar as questões apresentadas na parte conceitual do trabalho. Devem ser elaboradas tendo em vista a perspectiva mais próxima da sua realidade que for possível.

5.11.1 Exercícios sobre plano de contas

- Como são detalhadas as principais entradas de caixa na sua organização? Pense em algumas das suas contas mais importantes e como elas hoje são detalhadas; posteriormente pense em como crê que deveriam ser detalhadas. Significa identificar a conta (exemplo: cobrança por prestação de serviços de assistência técnica), a metodologia de projeção (exemplo: programação estimada) e responsável pela programação (exemplo: área comercial da empresa). Se não houver nenhum *gap* entre o que atualmente existe e o que deveria ser, você está bem:

Conta	Metodologia	Responsável

- Idem quanto às saídas de caixa (como são detalhadas?)

Conta	Metodologia	Responsável

- O que você deixa para a conta "OUTROS"? Qual o seu percentual em relação ao total (principalmente saídas)? Ao perceber que a conta Outros contém elementos de naturezas diferentes, e relevantes, não hesite: separe tais valores.

- Valores que sazonalmente aparecem estão descritos nos mapas auxiliares? Será que as contas sazonais sempre serão lembradas? Se houver dúvida e elas forem relevantes, inclua-as nos mapas auxiliares.

5.11.2 Exercícios sobre métodos de projeção

Projete as contas abaixo descritas utilizando as metodologias indicadas:

5.11.2.1 Programação – Cobrança Corrente

Suponha que os vencimentos da carteira 1 são recebidos 1 dia após o vencimento (o crédito negociado junto ao banco pressupõe D+1). Por sua vez, os vencimentos da carteira 2 são recebidos 2 dias após o vencimento e os valores da carteira 3 são disponíveis em D0. Sabendo-se que os níveis de recebimento das 3 carteiras é de 95% (5% dos valores não são pagos na data do vencimento), calcule o valor esperado de cobrança para os dias mencionados a seguir:

(Arredonde os valores, desprezando a vírgula)

Distribuição dos vencimentos

Em R$

Carteira	Datas dos vencimentos	Datas dos créditos	Valores dos vencimentos	Valores creditados
1	15		100	
	16		550	
	20		330	
2	1		30	
	5		115	
3	1		10	
	3		50	
	30		45	

Cálculo da projeção dos créditos correntes diários

Em R$

Carteira	Dias										
	1	3	4	5	7	15	16	17	20	21	30
1											
2											
3											
Total											

Solução do exercício 5.10.2.1:

Em R$

Carteira	Datas dos vencimentos	Datas dos créditos	Valores dos vencimentos	Valores creditados
1	15	16	100	95
	16	17	550	523
	20	21	330	314
2	1	3	30	29
	5	7	115	109
3	1	1	10	10
	3	3	50	48
	30	30	45	43

Cálculo da projeção dos créditos correntes diários
Em R$

Carteira	Dias										
	1	3	4	5	7	15	16	17	20	21	30
1							95	523		314	
2		29			109						
3	10	48									43
Total	10	77			109		95	523		314	43

5.11.2.2 Distribuição e método estatístico – cobrança

A receita de serviços produz cobrança de R$ 100/103 por semana (historicamente confiável a nível de semana). Entretanto, a projeção diária é muito irregular. Projetar pela abordagem de distribuição, levando em conta as últimas 4 semanas:

(Arredonde os valores e deixe uma casa após a vírgula)

Distribuição semanal
Em R$

Semanas	Seg.	Ter.	Qua.	Qui.	Sex.	Total
1ª	30	27	10	09	24	100
2ª	32	28	09	10	21	100
3ª	33	31	11	09	19	103
4ª	34	29	10	11	18	102
Média $						
Desvio $						
Índice %						

Obs.:

1. Desvio-Padrão =
   Raiz De{[Somatório Do Quadrado De (X_i – Média)]/N – 1}
2. Índice = Desvio-Padrão / Média

Solução do exercício 5.11.2.2

Distribuição semanal
Em R$

Semanas	Seg.	Ter.	Qua.	Qui.	Sex.	Total
1ª	30	27	10	09	24	100
2ª	32	28	09	10	21	100
3ª	33	31	11	09	19	103
4ª	34	29	10	11	18	102
Média $	32,3	28,8	10,0	9,8	20,5	101,3
Desvio $	1,7	1,7	0,8	0,9	2,6	1,5
Índice %	5,3	5,9	8,2	9,8	12,9	1,5

Obs.:

1. Desvio-Padrão =
   Raiz De{[Somatório Do Quadrado De (Xi – Média)]/N – 1}
2. Índice = Desvio-Padrão / Média

5.11.2.3 *Estatística – mínimos quadrados – recuperação de valores em atraso*

A projeção de recuperação de valores vencidos e não pagos é difícil. Calcule, levando em conta o método dos mínimos quadrados, a projeção de valores a recuperar na semana do dia 13 a 17:

(Arredondar os valores)

Em R$

Data	Dia Semana	Saldo Inicial	Recebimento	Atraso	Saldo Final
1/Março	Qua.	1000	30	40	1010
2/Março	Qui.	1010	34	42	1018
3/Março	Sex.	1018	32	43	1029
6/Março	Seg.	1029	33	45	1041
7/Março	Ter.	1041	35	48	1054
8/Março	Qua.	1054	38	50	1066
9/Março	Qui.	1066	41	51	1076
10/Março	Sex.	1076	40	51	1087
13/Março	Seg.			53	
14/Março	Ter.			55	
15/Março	Qua.			60	
16/Março	Qui.			62	
17/Março	Sex.			64	

Qual o índice de correlação apresentado?

Solução do exercício 5.10.2.3:

Em R$

Data	Dia Semana	Saldo Inicial	Recebimento	Atraso	Saldo Final
1/Março	Qua.	1000	30	40	1010
2/Março	Qui.	1010	34	42	1018
3/Março	Sex.	1018	32	43	1029
6/Março	Seg.	1029	33	45	1041
7/Março	Ter.	1041	35	48	1054
8/Março	Qua.	1054	38	50	1066
9/Março	Qui.	1066	41	51	1076
10/Março	Sex.	1076	40	51	1087
13/Março	Seg.	1087	43	53	1107
14/Março	Ter.	1107	46	55	1126
15/Março	Qua.	1126	49	60	1137
16/Março	Qui.	1137	51	62	1148
17/Março	Sex.	1148	52	64	1160

O índice de correlação entre as duas variáveis, saldo e recebimento, é de 0,94, o que indica alta correlação entre ambas.

5.11.3 Exercícios sobre projeção do fluxo de caixa

A partir das informações abaixo, utilizando os Anexos 8 a 14, elabore o fluxo de caixa para o período definido. A solução do exercício pode ser encontrada nos Anexos 15-21, utilizados na exemplificação do exercício 5.11.4.

- DIAS ÚTEIS DO PERÍODO

No caso, os dias úteis referem-se ao período de 24 a 30 do mês, já explicitados, sendo:

Dia	Semana
24	Segunda
25	Terça
26	Quarta
27	Quinta
28	Sexta
29	Sábado
30	Domingo

- ENTRADAS OPERACIONAIS

Considerar:

1. Os valores correntes são recebidos em D+1, 90% dos vencimentos, por meio de cobrança bancária (dois bancos, tratados como A e B), apresentados da seguinte forma:

DIAS

EM R$	21	24	25	26	27
BANCO A	0	0	111	167	222
BANCO B	56	67	89	189	333

OBS.: Arredondar os valores >= a 0,5, desconsiderando valores após a vírgula.

2. Com relação às Vendas à vista, são recebidos em carteira na própria empresa, 100% dos valores, em D0:

DIAS

EM R$	24	25	26	27	28
CARTEIRA	10	0	20	30	40

3. Com relação às receitas de Serviços, são recebidos na data do término do serviço, em carteira, 100% dos valores:

DIAS

EM R$	24	25	26	27	28
CARTEIRA	32	29	10	10	21

4. Vendas a prazo vencidas e não recebidas

Projeção da recuperação do saldo inicial de valores vencidos e não pagos é feita a partir da programação (negociação de recebimentos). Considerar:

DIAS

EM R$	24	25	26	27	28
CARTEIRA	0	0	0	0	10

5. Juros por atraso

Foram projetados por meio de uma correlação com o saldo de valores vencidos e não pagos. Os valores são os seguintes:

DIAS

EM R$	24	25	26	27	28
CARTEIRA	0	0	0	0	3

- SAÍDAS OPERACIONAIS

As saídas operacionais mais importantes são:

1. Compras de Fornecedores locais são feitas com prazo de 30 dias da data de faturamento. Os pagamentos previstos são:

DIAS

EM R$	24	25	26	27	28
CARTEIRA	150	0	20	50	200

2. Compras de materiais importados ocorrem com as seguintes datas de pagamentos:

DIAS

EM R$	24	25	26	27	28
CARTEIRA	0	150	0	0	0

3. Salários, pagos nos dias 14 (50%) e 28 (50%), sendo que o débito ocorre um dia útil antes da data do recebimento do funcionário.

A projeção da folha de pagamento do mês é de R$ 200 (total do mês).

4. Os encargos são pagos no início do mês subsequente (INSS e FGTS no 8º dia, IR na fonte no 3º dia após fechar a quinzena).

5. Energia elétrica (R$ 20) e água (R$ 2) são pagas normalmente nos dias 11 e 14, respectivamente.

6. Quanto aos impostos:
   - IPI pago no dia 28 (R$ 20).
   - IR PJ pago no dia 28 (R$ 70)
   - ICMS pago no 3º dia útil (R$ 120)
   - PIS/COFINS PAGOS no 9º dia corrido

7. Gastos com comunicação são desembolsados mensalmente, sendo projetados a partir de estimativas do gerente da área. Sua projeção é a seguinte:

DIAS

EM R$	24	25	26	27	28
CARTEIRA	130	0	0	0	215

8. Fretes de mercadorias vendidas são pagos no dia 7 (R$ 30).

9. Nenhum pagamento de comissões é projetado para o período em questão.

10. Outras despesas representam a somatória de vários itens pouco relevantes. Nos últimos 10 dias do mês, os valores são mais sensíveis (R$ 10/dia). Nos demais dias são menores (R$ 3).

11. Pagamento de equipamentos comprados durante o mês correspondem a:

DIAS

EM R$	24	25	26	27	28
CARTEIRA	0	0	0	50	70

12. Está prevista distribuição de lucros para os sócios, no dia 28, no total de R$ 100.

- SALDOS INICIAIS A UTILIZAR:

Em R$	Dia 24
Caixa	0
Fundo de investimento com liquidez diária	50 (*)
Fundo de investimento com liquidez a cada 30 dias	0
Hot Money	0
C. Giro	0

(*) Disponível para saque diário.

Juros das aplicações financeiras (ativas e passivas)

Por simplificação, neste exercício, o cálculo dos juros não será feito.

ANEXO 8 – VENCIMENTOS DE COBRANÇA PARA O PERÍODO

EM R$	SEX. 21	SEG. 24	TER. 25	QUA. 26	QUI. 27	SEX. 28
1. CARTEIRA						
PROG						
A PRAZO, CORRENTE						
A PRAZO, VENCIDO						
VENDA À VISTA						
JUROS POR ATRASO						
SERVIÇOS						
ESTATÍSTICA						
A PRAZO VENCIDO						
JUROS POR ATRASO						
TOTAL						
2. BANCO "A"						
PROG						
A PRAZO, COR.						
A PRAZO VENCIDO						
SERVIÇOS						
ESTATÍSTICA						
A PRAZO VENCIDO						
JUROS POR ATRASO						
TOTAL						
3. BANCO "B"						
PROG						
A PRAZO, COR.						
A PRAZO VENCIDO						
SERVIÇOS						
ESTATÍSTICA						
A PRAZO VENCIDO						
JUROS POR ATRASO						
TOTAL						
4. TOTAL COBRANÇA						
PROG						
A PRAZO, COR.						
A PRAZO VENCIDO						
VENDA A VISTA						
JUROS POR ATRASO						
SERVIÇOS						
ESTATÍSTICA						
A PRAZO VENCIDO						
JUROS POR ATRASO						
TOTAL						

ANEXO 9 – ENTRADAS DE CAIXA PREVISTAS PARA O PERÍODO

EM R$	SEX. 21	SEG. 24	TER. 25	QUA. 26	QUI. 27	SEX. 28
TOTAL DE VENCIMENTOS						
1. CARTEIRA						
2. BANCO "A"						
3. BANCO "B"						
4. TOTAL VENCIMENTOS						
DIAS DE DEFASAGEM						
1. CARTEIRA						
2. BANCO "A"						
3. BANCO "B"						
% DE RECEBIMENTO						
1. CARTEIRA						
2. BANCO "A"						
3. BANCO "B"						
ENTRADAS DE CAIXA						
1. CARTEIRA						
2. BANCO "A"						
3. BANCO "B"						
4. TOTAL ENTRADAS						

ANEXO 10 – PAGAMENTOS

EM R$	SEG. 24	TER. 25	QUA. 26	QUI. 27	SEX. 28
1. FORNECEDORES LOCAIS					
PROGRAMAÇÃO					
CONSTANTE					
MÉDIA					
TOTAL					
2. FORNECEDORES – IMPORTAÇÃO					
PROGRAMAÇÃO					
CONSTANTE					
MÉDIA					
TOTAL					
3. SALÁRIOS, ENCARGOS & BENEFÍCIOS					
SALÁRIOS					
INSS					
FGTS					
IR FONTE					
OUTROS					
TOTAL					
4. IMPOSTOS & TAXAS					
IPI					
IRPJ/CS					
ICMS					
PIS					
OUTROS					
TOTAL					

ANEXO 11 – PAGAMENTOS

EM R$	SEG. 24	TER. 25	QUA. 26	QUI. 27	SEX. 28
5. OUTROS					
GASTOS C/ COMUNICAÇÃO					
FRETES					
COMISSÕES					
ENERGIA ELÉTRICA					
ÁGUA E SANEAMENTO					
OUTROS					
TOTAL					
TOTAL GERAL					
PGTOS OPER.					
6. ATIVOS DE LONGO PRAZO					
CONSTRUÇÕES					
MÁQ. & EQUIPAMENTOS					
VEÍCULOS					
INFORMÁTICA					
MÓVEIS					
OUTROS					
TOTAL					
7. DISTRIBUIÇÃO DO LUCRO					

ANEXO 12 – PROJEÇÃO DO FLUXO DE CAIXA

EM R$	SEG. 24	TER. 25	QUA. 26	QUI. 27	SEX. 28
1. FLUXO OPERACIONAL					
COBRANÇA					
PAGAMENTOS					
TOTAL FO					
2. FLUXO DOS ATIVOS DE LONGO PRAZO					
RECEBIMENTO					
PAGAMENTOS					
TOTAL FP					
3. FLUXO DOS ACIONISTAS					
CAPITAL INVESTIDO					
DISTRIBUIÇÃO DO LUCRO					
TOTAL ACIONISTA					
TOTAL NÃO FIN.					
4. FLUXO FINANCEIRO					
INVESTIMENTO FEITO					
INVESTIMENTO RESGATADO					
EMPRÉSTIMO CAPTADO					
EMPRÉSTIMO PAGO					
JUROS RECEBIDOS					
JUROS PAGOS					
TOTAL FF					

ANEXO 13 – MOVIMENTAÇÃO FINANCEIRA – EMPRÉSTIMOS

EM R$	SEG.	TER.	QUA.	QUI.	SEX.
	24	25	26	27	28

HOT MONEY

SALDO INICIAL					
CAPTAÇÕES					
JUROS					
PGTOS.					
SALDO FINAL					

CAPITAL DE GIRO

SALDO INICIAL					
CAPTAÇÕES					
JUROS					
PGTOS.					
SALDO FINAL					

TOTAL EMPRÉSTIMOS

SALDO INICIAL					
CAPTAÇÕES					
JUROS					
PGTOS.					
SALDO FINAL					

ANEXO 14 – MOVIMENTAÇÃO FINANCEIRA – INVESTIMENTOS

EM R$	SEG. 24	TER. 25	QUA. 26	QUI. 27	SEX. 28
FUNDO DE INVESTIMENTO COM LIQUIDEZ DIÁRIA					
SALDO INICIAL					
APLICAÇÕES					
JUROS					
RESGATE					
SALDO FINAL					
FUNDO DE INVESTIMENTO CARÊNCIA MENSAL					
SALDO INICIAL					
APLICAÇÕES					
JUROS					
RESGATE					
SALDO FINAL					
CDB PÓS					
SALDO INICIAL					
APLICAÇÕES					
JUROS					
RESGATE					
SALDO FINAL					
TOTAL INVESTIMENTOS					
SALDO INICIAL					
APLICAÇÕES					
JUROS					
RESGATE					
SALDO FINAL					

5.11.4 Exercícios sobre análise do fluxo de caixa

A partir dos Anexos 15 a 21, que correspondem à solução do exercício 5.11.3, apresentando o fluxo de caixa para o período, efetuar a análise do correspondente fluxo de caixa. Para tanto, algumas informações adicionais são úteis:

1. Consistência
    1.1 Na semana imediatamente anterior à que está sendo projetada, o nível de inadimplência dos vencimentos correntes chegou a 15%.
    1.2 A venda à vista normalmente corresponde a 30% do total da entrada.
    1.3 Distribuição de lucros normalmente ocorre em outros períodos do ano.

    Qual a sua reação perante tais informações?

2. Comparativo:
    2.1 As entradas de caixa são superiores em 50% às entradas reais da última semana do mês anterior, enquanto a comparação das vendas apresenta um crescimento de cerca de 15%.
    2.2 A margem de erro nas entradas diárias do mês anterior foram de cerca de 10% (inferiores ao previsto).
    2.3 A última semana normalmente tem um incremento na conta outros gastos (aqueles inesperados), sendo que no mês anterior foi da ordem de R$ 40/dia.

    Quais seriam suas ações?

3. De otimização

    O fluxo de caixa anterior previa uma sobra permanente de caixa da ordem de R$ 100 para os próximos 30 dias. Sabendo-se que as taxas de juros tendem a cair, quais suas ações? As taxas de juros (efetiva líquida) são as seguintes:

Investimento para um dia	0,5% a.m.
Fundo de renda fixa com vencimento mensal	1,2% a.m.
CDB pré	1,5% a.m.

ANEXO 15 – VENCIMENTOS DE COBRANÇA PARA O PERÍODO

	SEX.	SEG.	TER.	QUA.	QUI.	SEX.
EM R$	21	24	25	26	27	28
1. CARTEIRA						
PROG						
A PRAZO, CORRENTE	0	0	0	0	0	0
A PRAZO, VENCIDO	0	0	0	0	0	10
VENDA À VISTA	0	10	0	20	30	40
JUROS POR ATRASO	0	0	0	0	0	3
SERVIÇOS	0	32	29	10	10	21
ESTATÍSTICA						
A PRAZO VENCIDO						
JUROS POR ATRASO						
TOTAL	0	42	29	30	40	74
2. BANCO "A"						
PROG						
A PRAZO, COR.	0	0	111	167	222	0
A PRAZO VENCIDO						
SERVIÇOS						
ESTATÍSTICA						
A PRAZO VENCIDO						
JUROS POR ATRASO						
TOTAL	0	0	111	167	222	0
3. BANCO "B"						
PROG						
A PRAZO, COR.	56	67	89	189	333	0
A PRAZO VENCIDO						
SERVIÇOS						
ESTATÍSTICA						
A PRAZO VENCIDO						
JUROS POR ATRASO						
TOTAL	56	67	89	189	333	0
4. TOTAL COBRANÇA						
PROG						
A PRAZO, COR.	56	67	200	356	555	0
A PRAZO VENCIDO	0	0	0	0	0	10
VENDA À VISTA	0	10	0	20	30	40
JUROS POR ATRASO	0	0	0	0	0	3
SERVIÇOS	0	32	29	10	10	21
ESTATÍSTICA						
A PRAZO VENCIDO	0	0	0	0	0	0
JUROS POR ATRASO	0	0	0	0	0	0
TOTAL	56	109	229	386	595	74

ANEXO 16 – ENTRADAS DE CAIXA PREVISTAS PARA O PERÍODO

EM R$	SEX. 21	SEG. 24	TER. 25	QUA. 26	QUI. 27	SEX. 28
TOTAL DE VENCIMENTOS						
1. CARTEIRA	0	42	29	30	40	74
2. BANCO "A"	0	0	111	167	222	0
3. BANCO "B"	56	67	89	189	333	0
4. TOTAL VENCIMENTOS	56	109	229	386	595	74
DIAS DE DEFASAGEM						
1. CARTEIRA	0	0	0	0	0	0
2. BANCO "A"	1	1	1	1	1	1
3. BANCO "B"	1	1	1	1	1	1
% DE RECEBIMENTO						
1. CARTEIRA	100,0%	100,0%	100,0%	100,0%	100,0%	100,0%
2. BANCO "A"	90,0%	90,0%	90,0%	90,0%	90,0%	90,0%
3. BANCO "B"	90,0%	90,0%	90,0%	90,0%	90,0%	90,0%
ENTRADAS DE CAIXA						
1. CARTEIRA		42	29	30	40	74
2. BANCO "A"		0	0	100	150	200
3. BANCO "B"		50	60	80	170	300
4. TOTAL ENTRADAS		92	89	210	360	574

ANEXO 17 – PAGAMENTOS

EM R$	SEG. 24	TER. 25	QUA. 26	QUI. 27	SEX. 28
1. FORNECEDORES LOCAIS					
PROGRAMAÇÃO	150	0	20	50	200
CONSTANTE					
MÉDIA					
TOTAL	150	0	20	50	200
2. FORNECEDORES – IMPORTAÇÃO					
PROGRAMAÇÃO		150			
CONSTANTE					
MÉDIA					
TOTAL	0	150	0	0	0
3. SALÁRIOS, ENCARGOS & BENEFÍCIOS					
SALÁRIOS				100	
INSS					
FGTS					
IR FONTE					
OUTROS					
TOTAL	0	0	0	100	0
4. IMPOSTOS & TAXAS					
IPI					20
IRPJ/CS					70
ICMS					
PIS					
OUTROS					
TOTAL	0	0	0	0	90

ANEXO 18 – PAGAMENTOS

EM R$	SEG. 24	TER. 25	QUA. 26	QUI. 27	SEX. 28
5. OUTROS					
GASTOS C/ COMUNICAÇÃO	130				215
FRETES					
COMISSÕES					
ENERGIA ELÉTRICA					
ÁGUA E SANEAMENTO					
OUTROS	10	10	10	10	10
TOTAL	140	10	10	10	225
TOTAL GERAL					
PGTOS OPER.	290	160	30	160	515
6. ATIVOS DE LONGO PRAZO					
CONSTRUÇÕES					
MÁQ. & EQUIPAMENTOS				50	70
VEÍCULOS					
INFORMÁTICA					
MÓVEIS					
OUTROS					
TOTAL	0	0	0	50	70
7. DISTRIBUIÇÃO DO LUCRO					100

ANEXO 19 – PROJEÇÃO DO FLUXO DE CAIXA

EM R$	SEG. 24	TER. 25	QUA. 26	QUI. 27	SEX. 28
1. FLUXO OPERACIONAL					
COBRANÇA	92	89	210	360	574
PAGAMENTOS	290	160	30	160	515
TOTAL FO	– 198	– 71	180	200	59
2. FLUXO DOS ATIVOS DE LONGO PRAZO					
RECEBIMENTO	0	0	0	0	0
PAGAMENTOS	0	0	0	50	70
TOTAL FP	0	0	0	– 50	– 70
3. FLUXO DOS ACIONISTAS					
CAPITAL INVESTIDO	0	0	0	0	0
DISTRIBUIÇÃO DO LUCRO	0	0	0	0	100
TOTAL ACIONISTA	0	0	0	0	– 100
TOTAL NÃO FIN.	– 198	– 71	180	150	– 112
4. FLUXO FINANCEIRO					
INVESTIMENTO FEITO	0	0	0	– 111	0
INVESTIMENTO RESGATADO	50	0	0	0	111
EMPRÉSTIMO CAPTADO	149	219	40	0	2
EMPRÉSTIMO PAGO	0	– 148	– 220	– 39	0
JUROS RECEBIDOS	0	0	0	0	0
JUROS PAGOS	0	0	0	0	0
OUTROS	– 1	0	0	0	– 1
TOTAL FF	198	71	– 180	– 150	112

ANEXO 20 – MOVIMENTAÇÃO FINANCEIRA – EMPRÉSTIMOS

EM R$		SEG.	TER.	QUA.	QUI.	SEX.
		24	25	26	27	28
HOT MONEY						
	SALDO INICIAL	0	149	220	40	1
	CAPTAÇÕES	149	219	40		2
	JUROS					
	PGTOS.		148	220	39	
	SALDO FINAL	149	220	40	1	3
CAPITAL DE GIRO						
	SALDO INICIAL					
	CAPTAÇÕES					
	JUROS					
	PGTOS.					
	SALDO FINAL					
TOTAL EMPRÉSTIMOS						
	SALDO INICIAL	0	149	220	40	1
	CAPTAÇÕES	149	219	40	0	2
	JUROS	0	0	0	0	0
	PGTOS.	0	148	220	39	0
	SALDO FINAL	149	220	40	1	3

ANEXO 21 – MOVIMENTAÇÃO FINANCEIRA – INVESTIMENTOS

EM R$	SEG. 24	TER. 25	QUA. 26	QUI. 27	SEX. 28
FUNDO DE INVESTIMENTO COM LIQUIDEZ DIÁRIA					
SALDO INICIAL	0	0	0	0	111
APLICAÇÕES			0	111	0
JUROS					
RESGATE					111
SALDO FINAL	0	0	0	111	0
FUNDO DE INVESTIMENTO CARÊNCIA MENSAL					
SALDO INICIAL	50	0	0	0	0
APLICAÇÕES					
JUROS					
RESGATE	50				
SALDO FINAL	0	0	0	0	0
CDB PÓS					
SALDO INICIAL	0	0	0	0	0
APLICAÇÕES					
JUROS					
RESGATE					
SALDO FINAL	0	0	0	0	0
TOTAL INVESTIMENTOS					
SALDO INICIAL	50	0	0	0	111
APLICAÇÕES	0	0	0	111	0
JUROS	0	0	0	0	0
RESGATE	50	0	0	0	111
SALDO FINAL	0	0	0	111	0

6

Análise de Desempenho do Fluxo de Caixa

> *"Tens de tornar-te mais pobre,*
> *sábio insensato!*
> *queres ser amado*
> *Ama-se somente aos sofredores,*
> *só se dá amor aos que têm fome:*
> *presenteia antes a ti próprio, ó Zaratustra!*
> *– Eu sou tua verdade..."*
> Nietzsche (1844-1900)

Planejar é relativamente fácil. O difícil é conseguir informações e comparar o previsto com o realizado e explicar as diferenças e as causas das mesmas. É aí que começa o sofrimento de Zaratustra.

Não é raro encontrar a empresa cuja preocupação técnica é esmerada, com recursos técnicos adequados para a projeção de valores e pouca (ou mesmo nenhuma) preocupação com a análise das informações antes de tomar decisões. Algumas abordagens são facilitadoras do processo e podem melhorar o entendimento do instrumento e sua melhor utilização. Como se poderá perceber, muitos aspectos da análise podem ser feitos concomitantemente, de maneira unificada, ou mesmo durante a montagem dos dados; entretanto, por uma questão meramente didática, a análise foi separada em análise de consistência, análise comparativa e análise de otimização. São as seguintes:

6.1 ANÁLISE DE CONSISTÊNCIA

Tem uma preocupação básica de conteúdo, assegurando que as informações estão todas lá no modelo, e são adequadas. A entrada de dados ocorreu da maneira desejada. A pretensão consiste em levantar "lebres" para poder aprofundar a análise em questões que possam implicar em erros ou incorreções. Algumas perguntas devem ser respondidas:

- Todos os itens importantes foram considerados?
- O nível de atualização das informações usadas é uniforme?
- Momentos mais e menos propícios foram considerados?
- A ordem de grandeza dos elementos faz sentido? Etc.

A ideia é assegurar que as informações adequadas foram obtidas e consideradas na projeção. Normalmente, duas formas de zelar para que a qualidade das informações seja adequada são as seguintes:

- Dispor de um plano de contas detalhado nos mapas auxiliares, o que foi apresentado no capítulo destinado à discussão do formato do fluxo de caixa.
- Análise comparativa de um período contra outro, ou então, entre real × planejado.

6.2 ANÁLISE COMPARATIVA

Como saber se um fluxo de caixa está melhor ou pior? Melhorando ou piorando? Qual a velocidade da mudança? Para isso, comparações sumarizadas são importantes para as empresas. Dentre elas, devem ser destacadas:

- Comparações com o mês anterior.
- Comparações com o ano anterior.
- Comparações com o planejamento etc.

Como se pode perceber, em algumas situações, para se fazer a comparação da evolução, é necessário que a moeda do fluxo de caixa seja ajustada para permitir comparações. Seja em dólar, na moeda interna da empresa ou mesmo moeda local ajustada para moeda de mesmo poder aquisitivo.

6.3 ANÁLISE DE OTIMIZAÇÃO

Uma vez satisfeitas as análises anteriores, é importante buscar a otimização dos resultados. Significa dizer que se pretende alcançar os melhores resultados em termos de geração e caixa, tanto no fluxo operacional, como no fluxo dos acionistas, como fluxo do permanente e mesmo o fluxo financeiro. As seguintes perguntas devem ser respondidas:

- O fluxo operacional utilizado é o mais adequado ou pode ser melhorado com antecipações e postergações de valores?
- Alternativas de investimentos mais atrativas podem ser implementadas em termos de taxas de juros?
- O que pode ser feito em termos de alongamentos de operações de crédito?
- A empresa pode usufruir de melhores condições se alongar o investimento?
- Simulações de resultados devem ser feitas a fim de se avaliar potencial e mesmo relevância dos resultados face a novos riscos que sejam corridos.

6.4 AFINAL, O QUE É UM BOM DESEMPENHO EM TERMOS DE FLUXO DE CAIXA?

Neste momento, o importante é dispor de critério de **bom (favorável)** e **ruim (desfavorável).** A recomendação é que o critério tenha dois referenciais, conjuntamente utilizados:

- Percentual de variação do real sobre o previsto

    Indica o nível de desempenho desejado. Variação de 1% ou 2% do fluxo operacional podem ser considerados como bons percentuais quando considerado o desempenho diário.

- Valor-limite de significância

    Que importa ter variação percentual de variação de 70% em um específico dia se o valor projetado era R$ 10? Por outro lado, não seria motivo de preocupação geral se no dia seguinte o fluxo de caixa operacional tivesse variação de 5% sobre R$ 500 milhões?

A introdução dos dois referenciais faz com que a organização tenha um direcionamento objetivo em termos de adequadamente avaliar prioritariamente ou identificar a relevância do desempenho do fluxo de caixa e sua tendência ao longo do tempo.

É de fundamental importância que, ao final do processo, o gestor dos recursos tenha percepção sobre o grau de realidade contido na projeção do fluxo de caixa e que os riscos e oportunidades estejam claros.

6.5 AMPLITUDE DA ANÁLISE

A estruturação da análise do fluxo de caixa leva em conta o que foi apresentado nos capítulos anteriores, ou seja, deve levar em conta tanto o próprio fluxo de caixa como as movimentações das demais contas do capital de giro. Embora os elementos não necessariamente estejam integrados, a análise dos indicadores deve ser.

Dessa maneira, devem ser acompanhados:

Quadro 6.1 – Análise das variações do fluxo de caixa

EM R$	Mês anterior	Previsto	Real	Var. Real × Previsto	Var. Real × Mês anterior
1. FLUXO OPERACIONAL					
COBRANÇA					
PAGAMENTOS					
TOTAL FO					
2. FLUXO DOS ATIVOS DE LONGO PRAZO					
RECEBIMENTO					
PAGAMENTOS					
TOTAL FP					
3. FLUXO DOS ACIONISTAS					
CAPITAL INVESTIDO					
DISTRIBUIÇÃO DO LUCRO					
TOTAL ACIONISTA					
TOTAL NÃO FIN.					
4. FLUXO FINANCEIRO					
INVESTIMENTO FEITO					
INVESTIMENTO RESGATADO					
EMPRÉSTIMO CAPTADO					
EMPRÉSTIMO PAGO					
JUROS RECEBIDOS					
JUROS PAGOS					
OUTROS					
TOTAL FF					

Adicionalmente, informações sobre movimentações das demais contas do capital de giro se tornam relevantes para a análise. Podem ser utilizados para *entender* o que ocorreu no passado e de maneira proativa para *ajustar* e *buscar oportunidades* para otimização do fluxo de caixa. O Quadro 6.2 é um modelo possível de ser utilizado. Permite não apenas entender o que aconteceu com o desempenho do fluxo de caixa de um certo mês, como também antever a evolução da entrada de caixa de meses futuros.

Quadro 6.2 – Análise da evolução dos prazos dos ciclos do capital de giro

EM R$	Mês anterior	Previsto	Real	Var. Real × Previsto	Var. Real × Mês anterior
CICLO DE RECEBIMENTO					
CICLO DE ESTOQUES DE MATERIAIS					
CICLO DE ESTOQUES DE PROCESSOS					
CICLO DE ESTOQUES DE ACABADOS					
CICLO DE CONTAS A PAGAR					
CICLO DE CAIXA					
CICLO OPERACIONAL					

A frase sobre o sofrimento e verdade de Nietzsche volta à mente: perceber se estamos melhores ou piores do que o previsto não é o fim, mas sim o começo do processo de gestão. Na sequência, deve ser questionado onde estamos melhores, por que estamos melhores, essa melhoria seria permanente ou compensada no futuro? Quem está por trás dessa melhoria?

Não apenas as variações desfavoráveis devem ser analisadas e explicadas, mas também as favoráveis, pois permitem o aprendizado e transplante para outras áreas da organização com o objetivo de ampliar a aprendizagem organizacional.

6.6 QUESTÕES PARA ANÁLISE E DESAFIO

Questões para análise

- Quais as contas sazonais mais importantes na vida da empresa?
- Como manter sob controle o conteúdo da conta "Outros"?

- Qual a conta mais significativa nas saídas operacionais do fluxo de caixa diário da empresa?
- Quais os tipos de comparações mais relevantes para que a empresa possa se sentir segura em termos de tendência observada?
- Contando com uma significativa sobra de caixa permanente, quais as opções de investimentos que a sua organização estaria disposta a fazer?

Desafio

Perceba que os dias de contas a receber ao se comparar o real com o previsto para perceber que essa variação, no tempo, impacta a entrada de caixa. Analogamente, ao perceber a evolução do contas a pagar, diminuindo, por exemplo, vai ser possível entender o impacto sobre a entrada de caixa de um dado período, consumindo maior quantidade de recursos.

Desenvolva essa análise comparando os dias de contas a receber, contas a pagar e de estoques de um dado horizonte para analisar e explicar o desempenho do fluxo de caixa.

7

Recomendações

"Uma lei não produz obrigação, nem é lei para ninguém a não ser os que a reconhecem como ato de seu soberano..."
Thomas Hobbes – 1588-1679

A menção de Hobbes está ligada ao apoio e prestígio que a alta administração dedica ao instrumento gerencial. Quanto maior e mais claro para os demais participantes for a importância dada pelo "soberano", maiores as chances de sucesso. Dessa maneira, a aprovação fluxo de caixa como meta da empresa para certo período é algo muito diferente de uma simples encenação, mas de compromisso real.

Depois de todo o desenvolvimento do texto, pensar em recomendações para executivos que têm responsabilidades com a gestão da liquidez pode parecer desnecessário; contudo, por uma questão de reforço, os seguintes elementos podem ser mencionados:

7.1 FORMALIDADE OU NECESSIDADE GERENCIAL?

Dentro das empresas, o *processo de aprovação do fluxo* de caixa, além de realmente formalizar uma meta importante (como outras tantas que são formalmente aprovadas), faz com que eventuais problemas e dificuldades possam ser discutidos e sanados. Complementarmente, o processo de aprovação produz nos participantes um certo nível de pressão que é saudável nas organizações.

7.2 QUEM APROVA O FLUXO DE CAIXA COMO META?

Quanto mais alto o nível hierárquico, melhor. A bem da verdade, em algumas empresas a diretoria como um todo aprova; em outras o presidente; em outras o próprio diretor financeiro; em outras, ninguém. É como se o instrumento tivesse vida própria e pudesse se impor. Neste último caso, na hora da cobrança, adivinhe quem será responsabilizado? Adivinhou...

7.3 CONSEQUÊNCIAS DA APROVAÇÃO DO INSTRUMENTO

Algo que foi aprovado significa que foi discutido e que foi comprometido em termos de meta a ser alcançada de maneira transparente. No momento em que se analisa desempenho e se avaliam as metas estabelecidas, o diálogo se transforma e se apresenta de maneira mais profissional do que em situações em que isso não ocorre.

7.4 ESPINHA DE PEIXE É SEMPRE VÁLIDA

Quando uma empresa considera que tem problemas com a gestão do seu fluxo de caixa, é importante que ela tenha a percepção e preocupação de analisar os elementos que podem estar trazendo problemas e distorções no seu instrumento. Utilizar o conceito da técnica conhecida por espinha de peixe, no mínimo, é útil para evitar problemas de visão parcial do próprio problema.

7.5 OBSERVAR A POSTURA DO *KAIZEN* É SEMPRE SAUDÁVEL

O *kaizen* recomenda que a postura de melhoria contínua seja enfatizada. No lugar de grandes melhorias abruptas, o ideal é que a melhoria seja contínua. O amadurecimento paulatino tem vantagens do ponto de vista da sua real absorção. Por incrível que pareça, nas áreas técnicas ou de produção encontram-se inúmeros exemplos de aplicação desse conceito e no escritório ou áreas como finanças, marketing e recursos humanos, pelas características de agressividade do perfil, a paciência requerida pela postura nem mesmo é tolerada. O curioso é que o mesmo ser humano da fábrica é aquele que atua nesse último ambiente. Parece ser uma questão de foco de atenção e prioridade do modelo de gestão.

7.6 NEM SÓ O CACIQUE, NEM SÓ O ÍNDIO

Muito embora o grande problema do fluxo de caixa, na maior parte dos casos, consiste na ausência da participação da alta administração dando o seu apoio, pode ocorrer situação em que a não participação e envolvimento de outras camadas da hierarquia da organização seja o problema e, como consequência, ausência de respostas no sentido prático.

7.7 TIRE UMA FOTO NO INÍCIO

Não importa se você já tem um sistema de projeção e controle do fluxo de caixa da empresa. Se existe a percepção da necessidade de aperfeiçoamento, fixe o ponto de partida; é como tirar uma foto da situação no momento em que se inicia um programa de aperfeiçoamento do sistema. Isso permite avaliar adequadamente o progresso. Informações como margem de erro, horizonte de projeção e perfil de investimentos são úteis para comparações futuras.

7.8 GENTE, EM ÚLTIMA ANÁLISE É O RECURSO PRINCIPAL

A tecnologia é chave nas projeções. Ela permite aperfeiçoamento significativo dos resultados. Contudo, ela é instrumento a ser utilizado e o grande foco realmente deve ser a disponibilidade humana: as pessoas que participam, elaboram, gerenciam e são cobradas pelo seu desempenho. Um sistema adequado, leva em conta todas as necessidades. Ao final, se volta para as pessoas e avalia sua adequação.

Hobbes tem razão ao enfatizar o poder de quem pode exigir. Se a administração demanda informações e ações, o controle do fluxo de caixa será visto como elemento relevante e fundamental para a gestão.

7.9 QUESTÕES PARA ANÁLISE E DESAFIO

Questões para análise

- Na sua organização, quem aprova a projeção do fluxo de caixa diário como meta da empresa? E quem deveria aprovar?
- Se existe *gap* entre como funciona hoje e como deveria funcionar a aprovação do fluxo de caixa, quais os motivos para mantê-lo?
- Qual o nível de detalhe requerido pela organização para que o fluxo de caixa seja apresentado, discutido e aprovado?
- Não atingir metas ligadas ao fluxo de caixa da organização afeta o bolso dos executivos envolvidos no processo?

Desafio

Aqui o desafio é manter em mente o conjunto de conceitos e práticas e administrar de maneira coerente, ao longo do tempo, o fluxo de caixa.

Glossário

Em certos casos, termos são usados em sentido não exatamente original ou estrito. Nesse caso, para facilitar a vida do leitor e evitar mal-entendidos, foi montado um glossário com os termos com maiores probabilidades de dificuldades.

Ativo de longo prazo

Composto pelos itens do antigo permanente, como, por exemplo, o imobilizado, e participações em outras companhias.

Benchmarking

No texto o termo é utilizado para referenciar o referencial que se toma como alvo ou padrão possível de ser alcançado.

Capital de giro

Quando se refere ao termo, o objetivo é indicar os prazos de contas a receber, estoques e fornecedores que afetam diretamente o fluxo de caixa da organização.

CPC

Comitê de pronunciamento contábil. Emite os pronunciamentos.

Custo de oportunidade

Taxa a ser aplicada sobre os fluxos de caixa ou de lucro residual para obter o valor presente dos mesmos. Leva em conta a estrutura de capital, ou seja, a participação de capital próprio e de terceiros com seus respectivos custos.

Economic value added (EVA)

Metodologia de avaliação de ativos baseada no lucro residual gerado pela entidade durante certo horizonte.

FASB

Financial Accounting Standart Board ou o correspondente a Comissão de Valores Imobiliários Americana no que se refere a instruções e normatizações. Cada pronunciamento recebe um número sequencial à expressão FAS.

Funding

Fonte de recursos para que as instituições financeiras possam desenvolver suas operações de crédito.

Gestor/Administrador/Gerente/Executivo

Aquele que gerencia as atividades, define, cobra, persegue e monitora os objetivos da sua área ou da organização.

Goodwill

Bens intangíveis da organização, tais como ponto, valor de marca etc.

Hedge

Perspectiva de analisar riscos em ativos ou índices e buscar operação que permita cobrir ou minimizar o risco de perda.

IFRS

International Financial Reporting Standards, emitidos pelo IASB.

Stakeholders

Grupos de interesse com os quais as organizações têm envolvimento. Acionistas, sindicatos, governo, clientes e fornecedores são exemplos de alguns *stakeholders* importantes.

Valores ativados

Indicam gastos que são mantidos no ativo e apropriados mediante um dado critério, tais como os itens do ativo imobilizado ou mesmo despesas antecipadas. Tais ativos têm critérios de apropriações, como no caso da depreciação dos itens do imobilizado e a apropriação das despesas de seguros. Tais gastos podem ter implicado em desembolsos no mesmo momento da obtenção, prévio ou mesmo posterior a ele.

Referências

ABELL, Derek. *Managing with dual strategies mastering the present preempting the future*. New York: The Free Press, 1993.

ACKOFF, Russell; FINNEL, Elsa V.; GHARAJEDAGHI, Jamshid et al. *A guide to controlling your corporation's future*. New York: John Wiley, 1984.

ASSAF NETO, Alexandre. O crepúsculo do conhecimento contábil. *Caderno de Estudos Fipecafi*, São Paulo: Universidade de São Paulo, v. 3, 1991.

ANSON, Cyril. *Profit from figures*. Londres: McGraw-Hill, 1971.

BIERMAN JR., Harold. Accounting for valuation and evaluation. *Journal of Portfolio Management*, Spring 1994.

CAMPOS FILHO, Ademar. *Fluxo de caixa em moeda forte*. 2. ed. São Paulo: Atlas, 1993.

_____. CPC – Pronunciamentos contábeis. Comitê de Pronunciamentos Contábeis, 2008.

COPELAND, Tom; KOLLER, Tim; MURRIN, Jack. *Valuation*: measuring and managing the value of companies. New York: John Wiley, 1995.

DE SANTI, Armando; OLINQUEVITCH, José Leônidas. *Análise de balanços para controle gerencial*. São Paulo: Atlas, 1993.

EDWARDS, E.; BELL, P. *The theory and measurement of business income*. University of California Press, 1964.

FORTUNA, Eduardo. *Mercado financeiro*: produtos e serviços. 5. ed. Rio de Janeiro: Qualitmark, 1994.

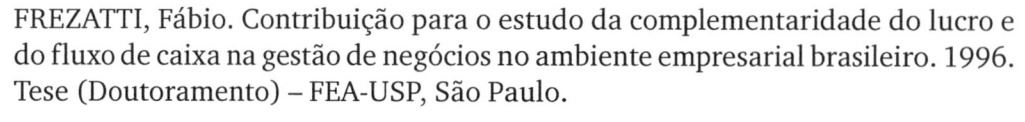

FREZATTI, Fábio. Contribuição para o estudo da complementaridade do lucro e do fluxo de caixa na gestão de negócios no ambiente empresarial brasileiro. 1996. Tese (Doutoramento) – FEA-USP, São Paulo.

_____. *Gestão de valor na empresa*. São Paulo: Atlas, 2003.

_____. *Orçamento empresarial*: planejamento e controle gerencial. 5. ed. revista e atualizada. São Paulo: Atlas, 2009.

_____. *Gestão da viabilidade econômico-financeira dos projetos de investimentos*. São Paulo: Atlas, 2008.

_____; ROCHA, Welington; NASCIMENTO, Artur; JUNQUEIRA, Emanuel. *Controle gerencial*: uma abordagem da contabilidade gerencial no contexto econômico, comportamental e sociológico. São Paulo: Atlas, 2009

GITMAN, Lawrence. *Administração financeira*. São Paulo: Harper, 1988.

_____. *Administração financeira*. 10. ed. São Paulo: Pearson, 2006.

GORDON, R.; MARGOLIS, J. The analysis of the firm: rationalism, conventionalism and behaviorism. *Journal of Business*, 31, 1958

GUERREIRO, Reinaldo. Mensuração do resultado econômico. *Caderno de Estudos Fipecafi*, nº 3, set. 1991.

HENDRIKSEN, Eldon; BREDA, Michael F. Van. *Accounting theory*. 5. ed. Boston: Irwin, 1992.

HOPP, João Carlos; PAULA LEITE, Hélio. O crepúsculo do lucro contábil. *Revista de Administração de Empresas*, São Paulo: Fundação Getulio Vargas, v. 4, 1988.

IUDÍCIBUS, Sérgio de. Conceitos econômico e contábil de lucro: simetrias e arritmias. *RBC*, São Paulo, p. 12-15, 1995.

_____. Lucro contábil: crepúsculo ou ressurgimento? *Caderno de Estudos Fipecafi*, São Paulo, Universidade de São Paulo, v. 1, 1989.

KARP, Richard. How good a gauge of a firm's health is cash flow? Barron's, 1993.

KING, Alfred. *Total cash management*. New York: McGraw-Hill, 1993

LEVIN, Richard. *Statistics for management*. New Jersey: Prentice Hall, 1987

MARTINS, Eliseu. Contabilidade vs fluxo de caixa. *Caderno de Estudos Fipecafi*, São Paulo, Universidade de São Paulo, v. 2, 1990.

MAYNARD, Ross. What is profit? *Management Accounting*, Oct. 1994.

RAPPAPORT, Alfred. *Creating shareholder value*: a guide for managers and investors. New York: The Free Press, 1998.

ROSS, Stephen; WESTERFIELD, Randolph; JAFFE, Jeffrery. *Administração financeira – corporate finance*. São Paulo: Atlas, 1995.

STEWART III, G. Bennett. *The quest for value*. New York: Harper Business, 1991.

SCHOEFFLER, Sidney; BUZZEL, Robert D.; HEAVY, Donald F. Impact of strategic planning on profit performance. *Harvard Business Review*, Mar./Apr. 1974.

SOLOMON, Erza; PRINGLE, John. *Introdução à administração financeira*. São Paulo: Atlas, 1981.

SOLOMONS, David. Economic and accounting concepts of income. *The Accounting Review*, July 1961.

TUCKER III, James; TUCCI, Louis. Why traditional measures of earnings performance may lead to failed strategic marketing decisions: a focus on core operations. *Journal of Consumer Marketing*, University Press, v. 11, nº 3, p. 4-17, 1994.

VAN HORNE, James. *Financial management & policy*. 10. ed. London: Prentice Hall, 1995.

WARD, Terry J. An empirical study of the incremental predictive ability of beaver's naive operating flow measure using four-state ordinal models of financial distress. *Journal of Business & Accounting*, Cambridge: Basil Blackwell, June 1994.

ZDANOWICZ, José Eduardo. *Fluxo de caixa*: uma decisão de planejamento e controles financeiros. Porto Alegre: D. Luzzatto, 1988.